Tecnologia, Planejamento e Desenvolvimento Autônomo

Coleção Debates
Dirigida por J. Guinsburg

Equipe de realização – Tradução: Lia Myumi; Produção e Revisão: Plinio Martins Filho.

# francisco r. sagasti
# TECNOLOGIA, PLANEJAMENTO E DESENVOLVIMENTO AUTÔNOMO

EDITORA PERSPECTIVA

Título do original em espanhol

*Tecnología, Planificación y Desarrollo Autónomo*

Copyright © Instituto de Estudios Peruanos

Debates 186

Direitos em língua portuguesa reservados à
EDITORA PERSPECTIVA S.A.
Avenida Brigadeiro Luís Antônio, 3025
01401 – São Paulo – SP – Brasil
Telefones: 288-8388/288-6878
1986

## SUMÁRIO

APRESENTAÇÃO – José Matos Mar . . . . . . . . . . . . 9
INTRODUÇÃO . . . . . . . . . . . . . . . . . . . . . . . . . . 11
1. SUBDESENVOLVIMENTO, CIÊNCIA E TECNOLOGIA . . . . . . . . . . . . . . . . . . . . . . . . . . . . . . . 15

   1. Algumas Características da Relação entre Ciência, Tecnologia e Subdesenvolvimento . . . . . . . . . . . . . . . . . . 15
   2. Condições para Efetivar a Contribuição Potencial da Ciência e da Tecnologia ao Desenvolvimento . . . . . . . . . . . 21

2. PLANEJAMENTO CIENTÍFICO E TECNOLÓGICO EM PAÍSES SUBDESENVOLVIDOS . . . . . . . . . . . . 27

   1. O Contexto de Planejamento da Ciência e Tecnologia . . . 27
   2. Planejamento Econômico e Planejamento da Ciência e Tecnologia . . . . . . . . . . . . . . . . . . . . . . . . . . . 29

3. Atitudes em Relação ao Planejamento da Ciência e Tecnologia .................................................. 32
4. O Problema da Dotação de Recursos .............. 34
5. O Conteúdo do Planejamento da Ciência e Tecnologia .. 35
6. A Organização do Esforço de Planejamento ......... 36
7. Os Limites dos Métodos de Planejamento da Ciência e Tecnologia ................................. 39

## 3. RUMO A UM NOVO ENFOQUE PARA O PLANEJAMENTO CIENTÍFICO E TECNOLÓGICO ...... 41

1. As Categorias de Decisões Envolvidas no Planejamento Científico e Tecnológico ......................... 41
2. Planejamento Estilístico ......................... 43
3. Planejamento Contextual ........................ 49
4. Planejamento Institucional ...................... 51
5. Planejamento de Atividades ..................... 53
6. Planejamento de Recursos ...................... 57

## 4. DIRETRIZES PARA A POLÍTICA TECNOLÓGICA INDUSTRIAL ........................................ 61

1. Diferenças entre Política Científica e Política Tecnológica .......................................... 61
2. Linhas de Ação para a Política Tecnológica Industrial ... 63

## 5. BASES PARA UMA ESTRATÉGIA DE DESENVOLVIMENTO CIENTÍFICO E TECNOLÓGICO ...... 77

1. Elementos da Estratégia ........................ 77
2. A Política Científica e Tecnológica na Prática ....... 85

## 6. POLÍTICA DE CIÊNCIA E TECNOLOGIA PARA O DESENVOLVIMENTO ................................ 89

Introdução .................................. 89
1. O Contexto da Política de Ciência e Tecnologia Industrial.. 92
2. O Impacto dos Instrumentos da Política de Ciência e Tecnologia nas Mudanças Técnicas ................ 105
3. Observações Finais 106 .........................

## 7. A UNIVERSIDADE E O DESENVOLVIMENTO DA CIÊNCIA E TECNOLOGIA .......................... 111

1. Marco Institucional para o Desenvolvimento da Ciência e Tecnologia ................................. 111
2. Instituições Dedicadas à Produção e Modificação de Conhecimentos ................................ 114
3. O Papel da Universidade Latino-americana na Geração e Modificação de Conhecimentos ................... 119

## 8. AUTODETERMINAÇÃO TECNOLÓGICA E COOPERAÇÃO NO TERCEIRO MUNDO .......... 127

1. Autodeterminação, Desenvolvimento e Tecnologia .... 127
2. As Transformações na Ordem Internacional e suas Conseqüências na Autodeterminação Tecnológica ....... 131

- 3. A Distribuição do Esforço Científico e Tecnológico e seu Efeito na Autodeterminação .................. 137
- 4. O Possível Conteúdo dos Acordos de Cooperação .... 136
- 5. Um Esquema Possível de Organização da Cooperação do Terceiro Mundo para a Autodeterminação Tecnológica .. 139

## 9. RUMO A UMA REINTERPRETAÇÃO CIENTÍFICO-TECNOLÓGICA DO SUBDESENVOLVIMENTO: O PAPEL DA CIÊNCIA E TECNOLOGIA ENDÓGENAS ... 143

- 1. Possibilidades e limitações da Ciência e Tecnologia .... 144
- 2. Uma Reinterpretação Tecnológica do Subdesenvolvimento ............................................. 151
- 3. Rumo ao Desenvolvimento Científico-Tecnológico Endógeno ............................................. 151
- 4. Transformações no Contexto Social para a Ciência e a Tecnologia ............................................. 155
- 5. Comentários finais ..................................... 158

para
Isaías Flit (*memento mori*), e
Geoff Oldham (*memento* Guiness)

## APRESENTAÇÃO

A natureza de permanentes transformações do esquema de relações econômicas e políticas sobre as quais se sustenta o sistema mundial de domínio e, dentro dele, a hegemonia das grandes potências, exige que as ciências sociais dirijam sua atenção para áreas cujo estudo esclareça as novas realidades. Sem dúvida, uma destas áreas é a da ciência e tecnologia. Para destacar sua importância basta mencionar que só um grupo reduzido de cientistas e técnicos, em poucos centros, manejam um imenso e profundo acúmulo de conhecimentos que o resto do mundo ignora. Tal acúmulo faz das sociedades dominantes fortalezas quase inexpugnáveis. Seus alcances são de tal natureza que se lhes depara um poder inimaginável, ao ponto de influir cada vez mais nas decisões da política mundial. O desafio do presente é, pois, como utilizar ciência e tecnologia em proveito de bem-estar e desenvolvimento.

Este estudo é um avanço com respeito ao conhecimento de uma questão tão relevante, sobretudo no referente ao planejamento do desenvolvimento científico e tecnológico em espaços nacionais subdesenvolvidos, como são os latino-americanos. Suas proposições não querem significar apenas um diagnóstico completo, mas também uma chamada à ação e, neste sentido, comportam uma opção. Que seja válida ou não, não obscurece o fato de que o amplo mosaico de temas aqui tratados constitua um verdadeiro convite à discussão criativa dos cientistas e políticos.

No caso peruano, o estudo destes temas, não obstante estar começando, requer uma abordagem de pelo menos três tarefas que consideramos centrais. A primeira é descobrir o alcance que teve a ciência e a tecnologia no mundo andino, quando, durante mais de duzentos séculos, este teve um desenvolvimento autônomo que culminou no Estado Inca. Isto implica em analisar as características e conquistas da tecnologia andina a fim de conhecer seus princípios e avaliar em que medida ela se mantém vigente. A segunda diz respeito ao problema da dependência, ou seja, à necessidade de encarar a solução dos problemas tecnológicos desde um aspecto nacional, em função de nossos recursos, capacidades e possibilidades. A última consiste em articular a herança viva do passado com a criatividade independente a fim de formular estudos com base nos quais seja possível elaborar um autêntico projeto nacional de desenvolvimento.

O estimulante trabalho de Sagasti, que nos suscita estas reflexões, contribui indubitavelmente para colocar estes problemas em discussão e, portanto, para buscar respostas alternativas para a ciência e a tecnologia nos países subdesenvolvidos.

*José Matos Mar*

# INTRODUÇÃO

O presente volume reúne um conjunto de ensaios escritos entre 1971 e 1975 sobre os temas ciência, tecnologia, planejamento e subdesenvolvimento. A tese fundamental que está por trás deles é que um determinado modo de produção e emprego da ciência e da tecnologia esteve intimamente ligado ao surgimento do subdesenvolvimento no século XX, e que até certo ponto ainda contribui para mantê-lo. Para modificar esta situação requerem-se mudanças profundas na organização das atividades científicas e tecnológicas nos países subdesenvolvidos, a plena incorporação da ciência e tecnologia ao processo de planejamento do desenvolvimento, e modificações substanciais na estrutura e orientação do esforço científico e tecnológico mundial.

O planejamento científico e tecnológico é absolutamente necessário para o desenvolvimento autônomo. As formas atuais de dependência estão sendo modificadas e brevemente veremos surgir de maneira nítida o fator tecnológico como o principal instrumento de dominação por parte dos países industrializados. A mobilização para o desenvolvimento de uma capacidade em ciência e tecnologia que se oponha a esta tendência deve considerar como componente essencial a instauração de um processo de planejamento adequado à natureza dinâmica da ciência e tecnologia modernas.

Este livro dirige-se a um público heterogêneo, que inclui desde funcionários públicos e empresários até estudantes de engenharia e economia, que compartilhem um interesse comum pelo desenvolvimento científico e tecnológico. Satisfazer a uma gama tão ampla de leitores apresenta sérios problemas, já que muitos acharão superficial o que outros considerarão inovador. Não obstante, espero que o tratamento breve de muitos temas permita ao leitor ocupado distrair-se por algumas horas de seu tempo, e que as referências bibliográficas satisfaçam o apetite do leitor mais interessado em aprofundar-se sobre algum tema[1].

O capítulo inicial situa o problema da ciência e da tecnologia no contexto do subdesenvolvimento. O segundo trata do planejamento da ciência e da tecnologia, destacando que, apesar de ter recebido bastante atenção nos últimos anos, as realizações concretas ainda são escassas. O terceiro capítulo apresenta um novo enfoque para o planejamento científico e tecnológico, propondo uma ampliação do conceito tradicional de planejamento.

Após a distinção entre os conceitos de política científica e política tecnológica, o quarto ensaio sugere diretrizes para a política tecnológica industrial. Dali se passa a esboçar, no capítulo seguinte, os elementos de uma possível estratégia para o desenvolvimento da ciência e da tecnologia. O papel da universidade no desenvolvimento científico e tecnológico — que tem sido tema de constante preocupação na América Latina — é matéria do sétimo capítulo no qual se formulam proposições que, por serem originais, poderão parecer controvertidas. O capítulo oito analisa o problema da autodeterminação (*self-reliance*) tecnológica e o imperativo da cooperação internacional entre os países do Terceiro Mundo. Desta edição, constam como acréscimo os capítulos seis e nove que não figuram na edição original.

---

1. De forma adicional recomendo bibliografias preparadas pelo centro de documentação (CENDOC) da Escola Superior de Administração de Negócios (ESAN) de Lima sobre *Tecnología para el Desarrollo* e sobre *Planificación Científica y Tecnológica* (anotada), publicadas em 1975 e 1976, respectivamente.

Com exceção do trabalho relativo à universidade, todos os outros incluídos no presente volume foram originalmente escritos em inglês. Eis aqui aproveitada a oportunidade para revisar traduções defeituosas que foram publicadas sem correção. Em particular, o ensaio sobre o novo enfoque para o planejamento apareceu em espanhol com muitos erros que o tornaram de difícil compreensão.

Não achei necessário incluir no presente volume um diagnóstico sobre a situação atual da ciência e da tecnologia na América Latina. O tema foi tratado num livro anterior, escrito com Mauricio Guerrero, e em outros trabalhos[2] que, devido à necessidade de manter certa unidade e evitar um volume demasiado extenso, foram deixados de lado.

São muitas as pessoas a quem deveria agradecer pela contribuição e ajuda na elaboração dos trabalhos que compõem parte do presente volume A época em que os pesquisadores produziam de forma individual passou há muito e talvez nunca tenha existido num campo tão novo como o da política científica e tecnológica. Com o risco de deixar muitos amigos de lado, quero mencionar M. Halty e A. Moya, que desde a OEA me ofereceram toda ajuda possível para iniciar minhas pesquisas sobre o tema; os professores da Universidade de Pensilvânia, R. Ackoff, E. Trist e H. Ozbekhan e o Prof. I. Sachs da Universidade de Paris, proponentes da "Escola de Filadélfia" em planejamento, de quem aprendi muito; M. Guerrero e P. Díaz, companheiros de trabalho durante minha passagem pela Junta do Acordo de Cartagena; e I. Flit e G. Flores, com quem tenho colaborado desde o início na aventura de fazer do Instituto de Investigação Tecnológica Industrial e Normas Técnicas (ITINTEC) do Peru uma instituição útil ao desenvolvimento tecnológico.

---

2. Ver, por exemplo, F. SAGASTI e M. GUERRERO, *El Desarrollo Científico y Tecnológico de América Latina,* Buenos Aires, BID/INTAL, 1974; F. SAGASTI e M. GUERRERO, "Diagnóstico de la Situación Latinoamericana en Ciencia y Tecnología", *Estudios Internacionales,* n. 25, jan.-mar. 1974; e F. SAGASTI, "Science and Technology Policy in the Andean Pact Countries", contribuição à *International Encyclopaedia of Higher Education,* Chicago, 1977.

# 1. SUBDESENVOLVIMENTO, CIÊNCIA E TECNOLOGIA*

*1. Algumas Características da Relação entre Ciência, Tecnologia e Subdesenvolvimento*

Nos últimos dois decênios a tecnologia tem se tornado um fator cada vez mais importante nas relações entre os países desenvolvidos, assim como nas relações existentes entre países desenvolvidos e subdesenvolvidos. O progresso tecnológico tem contribuído, mais que qualquer outro fator, para o crescimento econômico, e até muito recentemente os recursos destinados à pesquisa e ao desenvolvimento nos países industrializados aumentaram a uma taxa elevada. Ademais, o conteúdo

\* Versão revista de um trabalho publicado em *Comercio Exterior* (México), abril de 1972, e em *Science Studies*, v. 3 (1973), pp. 47-59.

tecnológico dos artigos manufaturados tem se tornado um dos principais determinantes dos padrões comerciais existentes entre os países desenvolvidos e os subdesenvolvidos[1].

A maioria dos países subdesenvolvidos tem visto aumentar constantemente o conteúdo tecnológico de suas importações. Estão se dando conta, ao mesmo tempo, que está se tornando cada vez mais difícil manufaturar artigos para exportação a fim de competir com empresas e países cuja capacidade científica e tecnológica é muito superior à deles. Para os países subdesenvolvidos que seguiram o caminho da substituição de importações para iniciar sua industrialização (os países latino-americanos, por exemplo), cada nova etapa de substituição de importações gerou uma demanda de equipamento cada vez mais complexo e avançado. Em geral este equipamento era obtido no exterior, porque a incipiente infra-estrutura científica, tecnológica e industrial dos países subdesenvolvidos carecia da capacidade essencial para sua produção. Estas condições levaram a uma crescente dependência da tecnologia estrangeira, e em conseqüência a uma maior dominação tecnológica[2].

Um país que não desenvolva por si mesmo sua capacidade científica e tecnológica, sem dúvida se tornará dependente tecnologicamente e será dominado pelos países mais avançados. Sob tais circunstâncias, há um risco enorme de que suas empresas e outras unidades produtivas, obrigadas a adquirir técnicas de fontes estrangeiras (freqüentemente em condições desfavoráveis) se tornem economicamente dependentes destas fontes e sejam dominadas por elas. Ultrapassado certo limite, a independência política e cultural do país se verá ameaçada por estas formas de dependência e dominação.

Quase toda a tecnologia de que se dispõe no mundo atual foi criada nos países desenvolvidos. O Grupo Sussex[3] es-

1. Ver os trabalhos no volume editado por R. VERNON, *The Technology Factor in International Trade*, New York, Columbia University Press, 1970; e HARRY JOHNSON, *Technology and International Trade*, Londres, St. Martin's, 1975.
2. Ver os trabalhos de A. HERRERA, *Ciencia y Política en América Latina*, México, Siglo XXI Editores, 1971; F. SAGASTI, *Towards a Methodology for Planning Science and Technology in Underdeveloped Countries*, Tese de Doutoramento, Universidade de Pennsilvania, Filadélfia, 1972; e A. SANCHEZ CRESPO, *Esbozo del Desarrollo Industrial y sus Principales Implicaciones sobre el Sistema Científico y Tecnológico*, Departamento de Assuntos Científicos, OEA, Washington, 1970.
3. SUSSEX GROUP, *Science, Technology and Underdevelopment: The Case for Reform*, Declaração introdutória ao Plano Mundial de Ação de Ciência e Tecnologia das Nações Unidas, Universidade de Sussex, Brighton, 1970.

timou que 98% do gasto mundial em pesquisa e desenvolvimento são feitos pelos países desenvolvidos. Por outro lado, os 2% que os países subdesenvolvidos gastam são muitas vezes mal usados e dedicados a trabalhos de pesquisa com menor produtividade que a média de seus equivalentes nos países desenvolvidos.

A atividade de pesquisa e desenvolvimento nos países desenvolvidos concentra-se em algumas grandes corporações ou em organizações apoiadas pelo governo, como revelam os estudos da OCDE[4] e os trabalhos de Cooper e Chesnais[5]. Estas condições têm conduzido à formação de oligopólios de pesquisa e desenvolvimento em quase todos os ramos da atividade econômica, e particularmente naqueles de grande intensidade tecnológica.

Tudo isso concentra o poder para exercer um domínio tecnológico, em um número bastante reduzido de empresas nos países avançados. Estas exercem um monopólio potencial no fornecimento de tecnologia, especialmente nas suas relações com os países subdesenvolvidos. Mais ainda, a existência de uma tradição científica e tecnológica acumulativa nos países desenvolvidos torna muito difícil a um país subdesenvolvido, ou inclusive a um grupo deles, alcançar os níveis de êxito obtidos pelos países industrializados em quase todas as áreas da ciência e tecnologia.

Como conseqüência, grande parte do conhecimento tecnológico e científico de que se dispõe corresponde às necessidades e se adapta às condições que prevalecem nos países desenvolvidos, que pouco têm em comum com as dos subdesenvolvidos; por exemplo, tecnologias que requerem grandes quantidades de capital, produção em grande escala, e mão-de-obra altamente qualificada. Resta dizer que estas condições dificilmente correspondem às situações que prevalecem nos países do Terceiro Mundo.

Por outro lado, como se destaca no Livro Branco sobre Ciência e Tecnologia do Japão[6], o curso atual da pesquisa científica e tecnológica intensificará esta divergência. Entre as características do desenvolvimento da nova tecnologia pode-se

---

4. OECD (Organization for Economic Cooperation and Development),*The Overall Level and Structure of R and D Efforts in OECD Member Countries*, Paris, 1967.
5. CHARLES COOPER e FRANÇOIS CHESNAIS, "La Ciencia y la Tecnologia en la Integración Europea", *Integración Política y Económica*, O. Sunkel (ed.), Santiago, Ed. Universitaria, 1970.
6. GOVERNO DO JAPÃO, *Libro Blanco sobre Ciencia y Tecnología*, tradução para o espanhol em *Comercio Exterior*, México, fev. 1971.

observar certo direcionamento rumo a instalações e equipamentos mais automatizados que empregam mão-de-obra altamente qualificada e de forma limitada, e ao aumento da escala econômica das unidades produtivas. Assim mesmo, há uma tendência para o desenvolvimento de novos materiais sintéticos, que potencialmente possuem perigosas implicações para os países subdesenvolvidos, cujas entradas de divisas dependem em grande parte da exportação de matérias-primas e outros produtos primários.

Os países subdesenvolvidos defrontam-se assim com uma falta de opções tecnológicas adequadas. Com freqüência encontram-se perante a alternativa de escolher entre a produção industrial usando técnicas modernas, geralmente intensivas em capital, ou privar-se das oportunidades de aumentar sua produção se isto significa manter níveis relativamente altos de emprego, por meio de técnicas arcaicas e obsoletas. A falta de opções tecnológicas viáveis e eficientes, junto com a baixa capacidade científica e tecnológica dos países subdesenvolvidos, impõem um desafio difícil, especialmente se se observam as condições explosivas de crescimento demográfico, desemprego e subemprego. Em alguns casos a falta de possibilidades viáveis e a ignorância do comprador de tecnologia nos países subdesenvolvidos têm levado ao desperdício de recursos escassos, particularmente de capital.

A capacidade de criar tecnologia, e inclusive de absorver tecnologia importada, não existe na maioria dos países subdesenvolvidos. Como conseqüência do caráter passivo do seu crescimento econômico, suas demandas de tecnologia em geral têm sido satisfeitas a partir do exterior, através da importação de equipamento e de assistência técnica proporcionada por técnicos estrangeiros. Como a tecnologia estrangeira era facilmente adquirida, pouca pressão se exerceu sobre a comunidade científica local para gerar alternativas tecnológicas, especialmente na indústria manufatureira. As políticas de industrialização têm propiciado a dependência tecnológica, acentuando a brecha entre a comunidade científica local e as necessidades científicas do país. Como resultado, os países subdesenvolvidos são incapazes de criar e satisfazer suas necessidades tecnológicas e inclusive incapazes de selecionar e absorver a tecnologia importada menos inadequada dentro do limitado campo disponível. Além do mais, conforme se depreende dos estudos realizados no Pacto Andino[7], as tecno-

---

7. Ver C. VAITSOS, *Comercialización de Tecnología en el Pacto Andino*, Lima, Instituto de Estudos Peruanos, 1973; e G. OXMAN e F. SAGASTI, *La Transferencia de Tecnología hacia los Países del Grupo Andino*, OEA, Washington D. C., 1972.

logias estrangeiras são amiúde adquiridas em condições muito desfavoráveis, incluindo altos custos implícitos e explícitos e restrições ao seu uso.

Devido ao fato de os setores produtivos exercerem pouca pressão de demanda, os cientistas, profissionais e técnicos dirigem-se para a comunidade científica internacional, e elegem temas de pesquisa de moda, tratando com isso de contribuir para o avanço da ciência como empresa internacional, e descuidando das necessidades de pesquisa de seus respectivos países. Enquanto as comunidades científicas locais ignorarem tais necessidades, só poderão manter sua identidade orientando-se para o exterior. Por isso é que as comunidades científicas de muitos países subdesenvolvidos nos parecem afastadas de seu próprio ambiente, e ao defender tão zelosamente a liberdade de pesquisa e os valores da ciência universal, atuam em detrimento de sua potencial contribuição ao desenvolvimento de seus países. O conhecido fenômeno da "fuga de cérebros" é uma das manifestações externas desse tipo de alienação.

A comunidade científica internacional, por erro de omissão, mais do que deliberadamente, tem contribuído para aumentar essa alienação. Os cientistas não têm prestado atenção suficiente aos problemas científicos e tecnológicos próprios dos países subdesenvolvidos. Sachs[8] postula que o caráter eurocêntrico da ciência ocidental teve um efeito retardatário nos interesses científicos dos países subdesenvolvidos. De acordo com as estimativas do Grupo de Sussex[9], menos de 1% de toda a pesquisa dos países desenvolvidos, com os quais está relacionada em princípio a comunidade científica, tem a ver diretamente com os problemas do subdesenvolvimento, ainda que a quantidade possa ser da mesma ordem de grandeza que a empregada pelos próprios países subdesenvolvidos. Confere-se prestígio aos pesquisadores que trabalham sobre temas avançados e exóticos, cuja escolha às vezes é ditada pela moda científica ou pela novidade. Quase nenhum deles tem algo a ver com os problemas técnicos e científicos que os países subdesenvolvidos enfrentam.

A insistência no caráter internacional e universal da empresa científica, a resistência a todo tipo de orientação na seleção de temas e áreas de pesquisa, e a importância que se dá à objetividade da ciência e à busca da verdade, foram propostas como características do que Polanyi[10] chama a "Repú-

8. IGNACY SACHS, *La découverte du Tiers Monde*, Flammarion, Paris, 1971.
9. SUSSEX GROUP, *op. cit.*
10. M. POLANYI, "The Republic of Science", *Criteria for Scientific Development*, The MIT PRESS, Cambridge, Public Policy and National Goals, E. Shis (ed.), 1969.

blica das Ciências". Estas características, que muitos consideram condições indispensáveis à produção da ciência, tiveram também efeito na conduta da comunidade científica dos países subdesenvolvidos. Qualquer intenção de reorientar os esforços científicos locais, ajustando-os às necessidades do país, é combatida pelos cientistas, que pensam que se põe em perigo a integridade de sua missão ao interferirem na liberdade de pesquisa.

Os defensores da liberdade científica irrestrita têm prestado pouca atenção à limitação implícita da atividade científica nos países desenvolvidos exercida através da manipulação dos recursos disponíveis para a pesquisa. Não é levado em consideração o fato de que os investimentos em pesquisa tenham aumentado depois da Segunda Guerra Mundial, principalmente em defesa, em energia atômica e na pesquisa espacial. Os cientistas, os profissionais e os técnicos, preocupados com a liberdade de escolher seus temas de pesquisa individual, em geral não prestam atenção ao fato de que a orientação global do progresso científico e técnico tem sido determinada principalmente por considerações de cunho político, militar e econômico.

Deve-se sublinhar que os cientistas nos países subdesenvolvidos vêm atuando de uma maneira "racional" neste processo de alienação. Dada a falta de demanda efetiva de seus serviços em seus países e a estrutura da comunidade científica internacional, não lhes será possível — se quisessem permanecer como cientistas — senão escolher temas de pesquisa ditados pela comunidade científica mundial, para os quais se poderia conseguir recursos mais livremente. Esta não é senão outra instância do divórcio que existe entre a racionalidade individual e a coletiva nos países subdesenvolvidos.

Os parágrafos anteriores se estenderam sobre os aspectos da organização atual das atividades científicas e tecnológicas que não parecem contribuir para o desenvolvimento econômico dos países subdesenvolvidos. Isto foi feito porque na literatura sobre este tema têm-se destacado as contribuições positivas da ciência e tecnologia ao desenvolvimento. Este ponto de vista otimista deve ser amenizado pelo fato indiscutível de que a ciência e a tecnologia das nações desenvolvidas não são, em essência, o tipo de ciência e tecnologia de que os países subdesenvolvidos precisam; a parte que pode ser de utilidade para o geral não pode ser obtida em condições favoráveis e, se é obtida, freqüentemente falta capacidade para fazer uso dela.

Isto não nega que a ciência e a tecnologia possam contribuir e de fato contribuam para o desenvolvimento. Somente os "ludistas" calouros se negariam a reconhecer sua contribuição potencial. Durante a Segunda Guerra Mundial, a Inglaterra e outros países aliados, que se consideravam em estado de emergência e recrutaram a ajuda da maioria de seus cientistas, fizeram um esforço sem precedentes para utilizar a ciência e a tecnologia. Assim foi demonstrado que é possível conseguir em pouco tempo certas metas, se um esforço conjunto e decidido for realizado[11]. Não há razão para que uma mobilização similar que ataque os problemas do subdesenvolvimento não produza também resultados espetaculares.

Em resumo, a ciência e a tecnologia possuem o potencial para contribuir, talvez mais que outro fator, para superar as condições de subdesenvolvimento. Não obstante, as estruturas atuais das atividades científicas e tecnológicas tanto nos países desenvolvidos quanto nos subdesenvolvidos são tais que seu potencial não se tem realizado de todo. Ao contrário, parecem reforçar, pelo menos parcialmente, as condições do subdesenvolvimento.

## 2. Condições para Efetivar a Contribuição Potencial da Ciência e da Tecnologia ao Desenvolvimento

Da análise anterior deduz-se que se a ciência e a tecnologia vão contribuir para o desenvolvimento do Terceiro Mundo, é preciso uma grande transformação nas estruturas do esforço científico e tecnológico mundial. As mudanças necessárias, que requerem o compromisso firme dos países desenvolvidos e subdesenvolvidos, podem ser classificadas em três categorias:

a. modificações da divisão internacional do trabalho e da orientação das atividades científicas e tecnológicas a nível mundial;

b. geração de uma capacidade científica e tecnológica nos países subdesenvolvidos;

c. incorporação plena da ciência e da tecnologia ao planejamento do desenvolvimento.

O primeiro grupo de mudanças incluiria medidas para assegurar que uma fatia maior das despesas mundiais em pesquisa e desenvolvimento se destinasse a problemas relacionados com o subdesenvolvimento. O Grupo Sussex[12] e as Nações Uni-

---

11. Ver J. P. BAXTER, *Scientists Against Time*, Cambridge, MIT Press, 1968.
12. SUSSEX GROUP, *op. cit.*

das[13] propuseram objetivos para a porcentagem de gastos em pesquisa e desenvolvimento dos países subdesenvolvidos (foram mencionadas cifras de três e cinco por cento), e para a porcentagem total de ajuda dos países desenvolvidos aos subdesenvolvidos que deve se orientar rumo ao estabelecimento de uma capacidade científica e tecnológica nestes últimos[14].

Outra proposta trata de estabelecer fundos de pesquisa e desenvolvimento multilaterais a nível mundial e regional. Estes fundos operariam com suas próprias fontes financeiras independentes e estáveis, que poderiam provir de impostos especiais ou obrigações sobre atividades que se realizem a nível mundial (por exemplo, Sachs [comunicação pessoal] sugere que os programas para controlar a poluição do mar sejam financiados com impostos arrecadados dos barcos que operam em águas internacionais). As contribuições voluntárias feitas pelos países subdesenvolvidos e igualadas pelos desenvolvidos poderiam fornecer fundos adicionais, mas não substituir uma fonte independente e estável de dinheiro. Não obstante, a disponibilidade de fundos em si não constitui uma garantia de que a ciência e a tecnologia financiadas por eles tenham um impacto no desenvolvimento do Terceiro Mundo. Se estes fundos forem administrados por cientistas dos países subdesenvolvidos, afastados de seu próprio ambiente ou por cientistas dos países desenvolvidos que desconheçam as complexas inter-relações entre ciência, tecnologia e subdesenvolvimento, é muito provável que reforcem as distorções existentes atualmente no mundo científico e tecnológico.

As mudanças operadas a nível internacional deveriam incluir também uma cooperação cada vez maior entre os países subdesenvolvidos em assuntos relacionados com a ciência e a tecnologia. Em última análise, uma colaboração mais intensa abrirá caminho para uma integração científica e tecnológica eficaz. Todavia, a experiência tem demonstrado que os acordos de cooperação são relativamente fáceis de se conseguir quando se trata de assuntos de natureza puramente científica, mas quando os programas de cooperação e integração implicam atividades de pesquisa que possam ter aplicação econômica direta — e que beneficiariam a um país ou inclusive a uma empresa particular — o acordo é muito mais difícil de se conseguir. Em conseqüência, a integração científica e tecnológica

---

13. NAÇÕES UNIDAS, *Science and Technology for Development*, New York, 1971.
14. O Canadá, através de seu Centro Internacional de Pesquisas para o Desenvolvimento, está caminhando para fazer com que a ciência e a tecnologia sejam componentes significativos de seus programas de ajuda. A Suécia tem tomado iniciativa similar.

nos países subdesenvolvidos só pode ser conseguida em paralelo com sua integração econômica e política.

Existe também a necessidade de se estabelecer um grupo de pressão que atue sobre a comunidade científica mundial e que motive os cientistas a intervir em projetos de benefício potencial ou direto para os países subdesenvolvidos. Em vista do crescente diálogo entre o Leste e o Oeste (incluindo talvez o acordo sobre questões nucleares), isto poderia ser tarefa do movimento Pugwash. Uma nova geração de cientista ativistas que tomasse a bandeira da ciência e tecnologia para o desenvolvimento do Terceiro Mundo poderia dar maior sentido ao movimento Pugwash. Se isso falhasse, seria preciso organizar um novo grupo de pressão, talvez dentro de limites institucionais, como o Grupo dos 77 da UNCTAD (United Nations Conference on Trade and Development), e a organização dos países não-alinhados para expor estes temas perante a comunidade científica internacional.

A lista de possíveis medidas a nível internacional poderia ampliar-se a fim de incluir a introdução de uma "dimensão tecnológica" na avaliação de projetos financiados pelos bancos ou organismos de desenvolvimento internacionais, o estabelecimento de mecanismos para premiar os cientistas que trabalhassem com problemas realcionados com o desenvolvimento (já foi sugerido o estabelecimento de um Prêmio Nobel para este fim), e a introdução de um critério de "mérito de desenvolvimento" para avaliar os projetos de pesquisa que venham a ser propostos.

O segundo grupo de mudanças requer uma ação a nível internacional. Em conseqüência, estas mudanças devem adaptar-se às particularidades de uma situação nacional determinada. Os países subdesenvolvidos não são um todo homogêneo e as proposições concretas para melhorar suas capacidades científicas e tecnológicas devem levar em conta as diferenças de tamanho, recursos, níveis de modernização, padrões culturais e muitos outros fatores de natureza semelhante. Não obstante, podem-se definir algumas ações necessárias ao desenvolvimento de uma capacidade local a fim de propiciar o avanço da ciência e da tecnologia.

Primeiro, é preciso que se formulem claramente objetivos a longo prazo, que se defina o "estilo" da ciência e tecnologia que o país quer desenvolver, e como tal estilo se relaciona com toda a estratégia de desenvolvimento econômico e social.

Segundo, devem-se considerar as interações entre a ciência e a tecnologia e o meio econômico, educacional, político e cultural do país. O meio afeta tanto a demanda de conhecimentos produzidos pelas atividades científicas e tecnológicas quanto as possibilidades de gerá-las a nível local. Em particular, as características do sistema econômico e de muitas políticas econômicas contêm um conjunto de políticas científicas implícitas — que são talvez mais importantes que as políticas explícitas — e que amiúde contradizem os objetivos do desenvolvimento científico e tecnológico.

O desenvolvimento de uma infra-estrutura institucional local para a ciência e a tecnologia constitui um terceiro aspecto que também deve ser levado em conta. As instituições são os meios através dos quais se canalizam os recursos destinados às atividades científicas e tecnológicas. Um conjunto amplo e bem organizado de instituições é uma condição essencial para obtenção de um nível aceitável de desenvolvimento científico e tecnológico.

Não se pode esperar que os países subdesenvolvidos sobressaiam em todos os campos da ciência e tecnologia. Por isso, o quarto aspecto a ser levado em conta é o da necessidade de uma estratégia interna em ciência e tecnologia. Isto implica escolher os domínios nos quais o país subdesenvolvido se converterá em um centro de pesquisa avançada, aos quais se destinarão recursos com prioridade. Em outras áreas ou domínios se importará tecnologia, ainda que seja preciso controlar as importações a fim de evitar os efeitos negativos que freqüentemente as acompanham. Não obstante, esta estratégia não implica abandonar o apoio que a atividade de pesquisa básica requer para proporcionar, entre outras coisas, uma base de atividade científica e de pessoal qualificado no campo da ciência e da tecnologia. Deve-se chegar a um equilíbrio entre a concentração de recursos em alguns campos e o apoio que deve receber a pesquisa básica.

O último aspecto que deve ser considerado se refere à disponibilidade de recursos para a ciência e a tecnologia. Os recursos humanos, financeiros e físicos, devem ser proporcionados com base na massa crítica mínima, particularmente nos domínios de especialização selecionados. O apoio aos recursos humanos para a ciência e tecnologia nos países subdesenvolvidos é bastante limitado, e sua escassez talvez constitua o principal obstáculo ao desenvolvimento científico-tecnológico. Para superar tal deficiência é necessário pôr em prática medidas que tenham resultados a curto prazo, como programas de repatriamento de pessoal qualificado que trabalha no estrangeiro; a médio prazo, programas que aproximem cientistas e profissionais dos avanços da ciência e da técnica modernas; e também, a longo prazo, mudanças no sistema educativo. Devem, assim mesmo, ser aumentados os recursos financeiros e físicos, ainda que pareça haver maior necessidade de um uso mais racional dos fundos e das instalações existentes.

O terceiro grupo de mudanças destina-se a fazer da ciência e da tecnologia partes integrantes do planejamento. A primeira tarefa consistiria em fazer com que os planejadores e os políticos se conscientizassem do papel que a ciência e a tecnologia assumem no processo de desenvolvimento, destacando que a dominação tecnológica agrava o subdesenvolvimento. Cumpre notar que os planos e políticas de desenvolvimento freqüentemente contêm medidas negativas implícitas no que se refere à ciência e à tecnologia, e que solapam os esforços para sair do subdesenvolvimento.

A preocupação em fixar políticas e fazer planos em matéria de ciência e tecnologia é de origem relativamente recente. Prova disso é que ainda não existem métodos comprovados e aceitos, nem critérios que possam ser recomendados e aplicados com absoluta segurança. Daí que outra tarefa de primeira ordem consista em desenvolver procedimentos e experimentá-los para delinear e fixar políticas relativas à ciência e tecnologia. O método científico deverá ser utilizado ao se planejar o desenvolvimento da ciência e tecnologia.

O fato de os planejadores e políticos estarem conscientes da importância que a ciência e a tecnologia têm para o desenvolvimento, e a disponibilidade de métodos adequados para a planificação científica e tecnológica, poderiam combinar-se a fim de legitimar a incorporação da ciência e da tecnologia ao campo do planejamento do desenvolvimento em seu sentido mais amplo.

Os três grupos de mudanças descritos obrigam a uma transformação radical do esforço científico e tecnológico mundial. Considerando os antecedentes históricos, é muito pouco provável que tais mudanças se produzam de forma automática. Se chegarem a se realizar, serão resultado da ação decidida de quem lutar por elas. Portanto, esta transformação deve ser exigida e iniciada pelos países subdesenvolvidos.

Não obstante, é muito difícil que o esforço individual de um país para modificar a divisão internacional do trabalho em ciência e tecnologia, e para mudar as normas que regulam a conduta da comunidade científica mundial, dê frutos a curto ou médio prazo. Como resultado, os países subdesenvolvidos deverão começar organizando sua própria capacidade científica e tecnológica — ainda que em escala limitada — intensificando seus esforços neste campo e procurando unir forças com outros países do Terceiro Mundo a fim de iniciar a transformação. Em última análise, esta será a única maneira pela qual o futuro dos países subdesenvolvidos cairá em suas próprias mãos.

## 2. PLANEJAMENTO CIENTÍFICO E TECNOLÓGICO EM PAÍSES SUBDESENVOLVIDOS*

### 1. *O Contexto do Planejamento da Ciência e Tecnologia*

O planejamento científico e tecnológico[1] pode ser definido como o processo de tomada de decisões antecipadas no que diz respeito ao desenvolvimento científico e tecnológico, assim como sua incorporação ao processo de desenvolvimento

---

\* Este capítulo se baseia em uma apresentação feita na reunião técnica sobre planejamento científico e tecnológico do Projeto STPI que aconteceu em Villa de Leyva, Colômbia, em maio de 1975.
1. Para uma explicação mais detalhada, ver F. SAGASTI, "A Conceptual Systems Framework for the Study of Planning Theory", *Technological Forecasting and Social Change*, v. 5 (1973), pp. 379-393.

sócio-econômico. Os critérios para tomar tais decisões derivam-se da políticas científicas e tecnológicas, que por sua vez refletem, explícita ou implicitamente, a vontade política do governo e dos grupos que estão no poder.

A crescente atenção que o planejamento da ciência e da tecnologia tem recebido durante os últimos anos distorceu em certa medida a perspectiva a partir da qual se deve considerá-la. O planejamento da ciência e da tecnologia se converteu numa espécie de miragem que desaparece tão logo se encaram as duras realidades políticas e orçamentárias. Por certo há exceções a esta regra, e em alguns casos os planejadores da ciência e tecnologia têm conseguido fazer com que pelo menos parte de suas visões se convertam em realidades, mas geralmente de uma maneira limitada e depois de duros contatos com outros agentes do processo político.

Quando o governo não atribui em geral grande importância à planificação do desenvolvimento, é obvio que o planejamento da ciência e tecnologia receberá muito pouca atenção. Isto pode ser devido ou ao fato de ser o planejamento marginal à vida sócio-econômica do país, ou por não estarem os planejadores de linha tradicional — quando recebem atenção e têm autoridade — talvez dispostos a considerar a ciência e a tecnologia como componentes significativos da planificação do desenvolvimento. Mas mesmo quando a tecnologia e a ciência são consideradas importantes, geralmente não lhes é atribuída a mesma prioridade que a outras atividades sociais e econômicas. Isto poderia levar a uma marginalização da ciência e da tecnologia quando se lhes atribuam recursos orçamentários, particularmente em épocas de crise.

O planejamento da ciência e tecnologia requer a participação ativa da comunidade científica e tecnológica, que usualmente se manifesta sob o estímulo de vagos compromissos políticos aos níveis máximos de governo. No entanto, quando outros assuntos urgentes precedem a ciência e a tecnologia, a comunidade científica e tecnológica se desilude com os planejadores pensando que eles deixam de cumprir suas promessas. Isto poderia pôr em risco as possibilidades de se iniciar no futuro um verdadeiro processo de planejamento da ciência e da tecnologia. Além disso, com freqüência, existe uma brecha entre os cientistas já estabelecidos, que obtêm recursos e fundos através de sua influência sobre algum ministério, órgão governamental, fundação ou organização estrangeira, e que se opõem aos esforços de planejamento, e os jovens cientistas e engenheiros, que consideram o planejamento como uma maneira de redistribuir recursos e desenvolver o sistema de ciência e tecnologia de uma forma mais orgânica e ligada aos objetivos do desenvolvimento. Assim, os planejadores da ciência e da tecnologia devem criar e manter uma base de apoio heterogênea frente a um conjunto de condições adversas do meio.

Tais observações têm como fim a colocação do planejamento da ciência e da tecnologia no quadro das limitações nas quais operam na maioria dos países subdesenvolvidos, de modo que a discussão que segue não seja interpretada como atribuindo ao planejamento da ciência e da tecnologia mais importância do que na realidade têm. Em última instância, só a vontade política do governo, sempre e quando possa influir no comportamento do sistema sócio-econômico, legitimará o planejamento científico e tecnológico. A prova estará, em si, diante de uma situação de limitações de recursos e pressões adversas quando se dá aos planejadores suficiente apoio político e recursos para dirigir o desenvolvimento científico e tecnológico.

## 2. Planejamento Econômico e Planejamento da Ciência e Tecnologia

Inicialmente é necessário estabelecer uma diferença entre o planejamento de atividades científicas e tecnológicas e a integração das considerações tecnológicas aos planos de desenvolvimento econômico. Há um conjunto do que pode ser chamado "atividades científicas e tecnológicas" que inclui pesquisa básica, pesquisa adaptativa, desenvolvimento, projetos de engenharia, atividades de apoio, tais como sistemas de informação e cursos especiais de capacitação etc. É a eles que se dirigem as decisões por antecipação relativas ao planejamento da ciência e tecnologia. Falando em termos amplos, referem-se à geração, importação e absorção de conhecimentos.

O planejamento econômico destina-se à orientação e regulação das atividades do sistema produtivo e aos serviços relacionados a este. Com base numa estrutura particular de atividades produtivas postuladas pelos planejadores econômicos, é possível derivar suas implicações tecnológicas e, por sua vez, apoiados nestas, examinar os tipos de atividades científicas e tecnológicas exigidos. A inclusão de considerações tecnológicas no planejamento do desenvolvimento econômico inclui tanto a introdução explícita dos aspectos referentes à tecnologia em todas as fases do processo de planejamento, quanto a identificação de políticas tecnológicas implícitas derivadas dos planos econômicos. Estes aspectos explícitos e implícitos da tecnologia no planejamento do desenvolvimento, na medida em que se executem os planos, condicionam os padrões de demanda de tecnologia.

Supondo que o governo leve a sério o planejamento, não será suficiente dedicar atenção apenas ao planejamento das atividades científicas e tecnológicas; fazendo-se isso, perderia-se o componente essencial do padrão de demanda para tais atividades. Quer o planejamento econômico esteja destinado a definir os tipos de atividades que o Estado participará (através do financiamento direto, provimento de créditos, atividades de empresas estatais etc.), quer a regulação das atividades dos setores não-governamentais (principalmente a indústria privada), o efeito resultante seria a adoção de uma estratégia econômica que condicione uma estratégia tecnológica e defina as necessidades de conhecimentos técnicos.

A primeira tarefa é explicitar as implicações tecnológicas do plano, assinalando os tipos de tecnologia que seriam exigidos (por exemplo, para satisfazer as metas de crescimento e emprego), as limitações impostas pelos projetos escolhidos, as tecnologias requeridas para explorar recursos naturais, as demandas tecnológicas impostas pelas metas de exportação, e assim sucessivamente. Uma segunda etapa estaria dirigida à introdução explícita da tecnologia como uma variável estratégica (do mesmo modo que outras variáveis multidimensionais, tais como o emprego e o financiamento) na formulação e execução de planos econômicos[2].

Como um exemplo ilustrativo, o Quadro 1 enumera os tipos de considerações tecnológicas que poderiam ser introduzidas, tomando as categorias comuns de planejamento a longo, médio e curto prazo, bem como o nível dos planos (global, setorial, projeto). Outra dimensão que poderia ser introduzida é a regional, a qual acrescentaria considerações espaciais aos temas em discussão. A união entre o planejamento da ciência e tecnologia e a incorporação da tecnologia ao planejamento econômico ocorre através de vários mecanismos. Cada uma das células pode ser associada a um grupo de atividades científicas e tecnológicas e, portanto, vincular-se ao processo de planejamento científico e tecnológico.

---

2. Ver I. SACHS e K. VINAVER, *Integration of Technology in Development Planning*, informe apresentado ao Escritório do Coordenador de Campo, Projeto STPI, Lima, janeiro de 1976.

Quadro 1. Implicações Tecnológicas Derivadas dos Planos de Desenvolvimento Econômico

| Nível | PRAZO | | |
|---|---|---|---|
| | Longo | Médio | Curto |
| GERAL | Formulação de estilos científicos e tecnológicos estreitamente relacionados a estilos de desenvolvimento e padrões de consumo. | Esboço da estratégia geral, definição de prioridades, e formulação de metas gerais para a consignação de recursos. | Definição do orçamento total para a ciência e tecnologia e a cadeia de projetos. |
| SETORIAL | Identificação dos requisitos para incrementar a capacidade científica e técnica nacional em setores prioritários. | Definição de estratégias setoriais e identificação de programas. | Definição de projetos, atividades e orçamentos relacionados com as estratégias setoriais. |
| PROJETO (investimento) | Avaliação do impacto dos projetos de investimentos e identificação das limitações tecnológicas introduzidas (particularmente para grandes projetos). | Desmembramento do pacote tecnológico e identificação dos componentes a serem oferecidos a nível local. | Identificação das firmas e instituições para realizar atividades relacionadas ao projeto (projetos de engenharia, adaptação, construção). |

*Nota*: A dimensão regional introduziria variações devidas a condições ambientais específicas.

## 3. Atitudes em Relação ao Planejamento da Ciência e Tecnologia

As diferentes atitudes dos cientistas, engenheiros, planejadores e políticos com respeito ao planejamento científico e tecnológico podem ser caracterizadas em função de três arquétipos. Raramente se encontram em sua forma pura em um indivíduo ou instituição, porém ajudam a definir os tipos de conflitos que resultam no processo de planejamento[3].

A primeira atitude é a dos *cientistas liberais*, cujo principal interesse é o crescimento da ciência em favor da própria ciência (a tecnologia seguiria automaticamente). Opõem-se a qualquer intervenção no manejo dos assuntos científicos como violação do direito de pesquisar livremente. Desconfiam da planificação e preferem ver a evolução da ciência em seu país ligada ao sistema mundial para a geração de conhecimentos. "A ciência não tem fronteiras" e "as prioridades devem resultar da evolução da ciência em si" são dois de seus lemas favoritos. Os cientistas liberais podem adotar uma posição radical, repelindo qualquer forma de intervenção na orientação da atividade científica, ou uma posição moderada, aceitando que deve haver algum tipo de intervenção governamental ao expressar preferências para os tipos de atividades que eles realizem. Os cientistas liberais radicais estão desaparecendo, embora ainda se possa encontrá-los entre os cientistas de mais idade e renome, os quais não têm dificuldades para obter fundos de pesquisa. Os cientistas liberais moderado usualmenmente assumem posições de liderança na comunidade científica e sua opinião é que o governo deve apoiar a ciência, em troca do que aceitariam orientações gerais, mas que o planejamento não é necessário e que com o tempo o crescimento da atividade científica levará ao desenvolvimento de uma tecnologia local avançada.

Os *tecnoeconomistas* consideram a ciência, e especialmente a tecnologia, como um meio para acelerar o desenvolvimento sócio-econômico. Consideram a intervenção governamental como necessária para promover o crescimento das atividades científicas e tecnológicas, e realçam a importância dos objetivos nacionais na orientação do desenvolvimento da ciência e da tecnologia (repudiando o ponto de vista internacionalista da ciência). Os tecnoeconomistas podem ser "puros", caso em que diminuem a importância das atividades

---

3. Esta seção elabora algumas idéias propostas por R. SEIDEL em *Towards an Andean Common Market for Science and Technology*, Ithaca, Cornell University, 1974.

científicas e favoreçam somente as atividades tecnológicas, ou podem considerar tanto a ciência quanto a tecnologia como essenciais, ainda que atribuindo maior ênfase à tecnologia e aceitando a ciência na medida em que ela constitui um insumo necessário à tecnologia. Os tecnoeconomistas são encontrados com maior freqüência entre os jovens tecnocratas, políticos e cientistas que se acham envolvidos no planejamento da ciência e tecnologia.

O terceiro arquétipo é o dos *proponentes do crescimento*. Enquanto os cientistas liberais justificam a continuação da ciência por si mesma e os tecnoeconomistas se preocupam com a integração da ciência e da tecnologia ao desenvolvimento sócio-econômico, os proponentes do crescimento não se atribuem nenhum papel próprio no processo de desenvolvimento. Consideram a tecnologia como um mero insumo do processo de crescimento econômico e não lhes importa em absoluto a sua origem. Ao contrário dos tecnoeconomistas, não estão dispostos a aceitar postergação alguma na obtenção das metas de crescimento com a finalidade de desenvolver a capacidade tecnológica local. Seja mediante uma hostilidade aberta ou um descuido benigno, os proponentes do crescimento opõem-se à idéia de que a geração de uma capacidade própria em ciência e tecnologia é um componente integral do processo de desenvolvimento.

Estes diferentes pontos de vista e de interesse levam inevitavelmente a conflitos no processo de planejamento da ciência e tecnologia, determinando em grande medida o impacto do exercício do planejamento. Por exemplo, os proponentes do crescimento e os cientistas liberais formam amiúde, coalizões contra os tecnoeconomistas, o que resulta no abandono das considerações tecnológicas no planejamento do desenvolvimento. O máximo que se faz neste caso é consignar uma certa quantidade de recursos através de canais governamentais estabelecidos, usualmente à disposição dos cientistas liberais. Nesta hipótese, os tecnoeconomistas se vêem descartados do processo de planejamento e o plano de ciência e tecnologia se converte num somatório de projetos de pesquisa.

Em alguns casos podem prevalecer os tecnoeconomistas, porém habitualmente à custa de alienar os cientistas liberais e irritar os proponentes do crescimento. De início, os cientistas liberais poderão ver alguma vantagem em seguir o ponto de vista dos tecnoeconomistas, particularmente porque isto poderia conduzir a fontes adicionais de recursos, mas em uma etapa subseqüente se oporiam ao grau de controle que os tecnoeconomistas consideram necessário para vincular as atividades científicas e tecnológicas aos objetivos do desenvolvimento.

Freqüentemente é mais difícil encontrar uma comunhão de interesses entre tecnoeconomistas e proponentes do crescimento. Esta poderia ser a razão pela qual as considerações tecnológicas não se tenham convertido em parte integrante do planejamento econômico. Na medida em que o planejamento de ciência e tecnologia seja considerada como um exercício à parte, os planejadores partidários do crescimento não fazem objeção alguma. Na verdade, poderiam ver com bons olhos um volume adicional no plano referente à ciência e tecnologia, à maneira dos cientistas liberais. Não obstante, quando a tecnologia afeta o crescimento, como deve fazê-lo quando é integrada ao plano econômico, eles a repudiam totalmente.

Um exemplo muito conhecido desta controvérsia é o que resulta quando se considera a autodeterminação tecnológica como um objetivo legítimo de desenvolvimento. O lucro de um grau moderado de autodeterminação tecnológica requer um processo de aprendizagem através da realização de atividades de engenharia e pesquisa que poderiam retardar a conclusão de um projeto. Isto é um anátema para os proponentes do crescimento, que prefeririam a importação total da tecnologia a ter que encarar uma demora.

### 4. O Problema da Dotação de Recursos

A margem de manobra dos planejadores é determinada por sua capacidade para dirigir a dotação de recursos para ciência e tecnologia. Um enfoque para adquirir esta capacidade consiste em consolidar em um pressuposto da ciência e tecnologia os fundos consignados por diversos órgãos governamentais. Esta consolidação de fundos poderia significar simplesmente a enumeração conjunta no mesmo volume do plano de desenvolvimento (ou do orçamento) das dotações efetuadas pelos diferentes órgãos e ministérios, mostrando sua relação com os objetivos mais amplos do desenvolvimento. Neste caso, os planejadores da ciência e da tecnologia desempenham apenas um papel de coordenação, sem autoridade para interferir nas dotações efetuadas pelos órgãos: sugerem e induzem, mas não decidem nem executam.

Um segundo modo de influenciar a dotação de recursos é estabelecer um fundo especial alimentado por provisões governamentais e administrado pelos planejadores de ciência e tecnologia. Este fundo constituiria uma fonte adicional de financiamento que complementaria as dotações feitas por outros organismos. Os planejadores adquiririam então uma capacidade administrativa, ainda que seu impacto estivesse condicionado ao total relativo do fundo especial. Em momentos de crise econômica, o fundo especial tenderia também a reduzir-se.

Uma variação deste enfoque consistiria em um fundo especial financiado por dotações diretas que não dependeriam de negociações orçamentárias. Os recursos poderiam ser obtidos com a instituição de um imposto ou taxa sobre as importações, créditos, lucros líquidos das empresas, vendas etc. Quando os recursos fossem obtidos por meio de contribuições das empresas, eles poderiam ser manejados de maneira centralizada ou dando-lhes alguma voz com respeito aos programas a serem apoiados. Este enfoque proporcionaria aos planejadores de ciência e tecnologia maior campo de ação e ampliaria a sua base de apoio[4].

A solução adotada para influenciar a provisão de recursos poderia englobar os dois enfoques mencionados. Com certeza o papel de coordenação é importante, mas pode tornar-se estéril se não for reforçado pela capacidade de intervir diretamente através da criação de um ou mais fundos especiais.

## 5. O Conteúdo do Planejamento da Ciência e Tecnologia

O planejamento da ciência e da tecnologia amiúde se confunde com o planejamento da pesquisa. Não obstante, particularmente nos países subdesenvolvidos, a pesquisa talvez não seja o componente mais importante do plano de ciência e tecnologia. Supondo que o processo de planejamento levasse as atividades científicas e tecnológicas a receber apoio prioritário, é possível identificar atividades relacionadas com a importação e absorção de tecnologia (identificação e avaliação de alternativas tecnológicas, regulação do processo de importação de tecnologia, engenharia de projetos, adaptação tecnológica, experiência em projeto etc.) e a promoção da demanda de tecnologia local (uso de incentivos, créditos industriais etc.) aos quais deveria ser atribuída uma importância igual ou maior que à pesquisa.

Há muitas formas de definir e classificar as atividades científicas e tecnológicas[5]. Uma que parece ser frutífera, por-

---

4. Este é o esquema seguido pelo governo peruano através de uma rede de fundos setoriais e institutos de pesquisa. Como exemplo, ver "The ITINTEC System for Industrial Technology Policy in Peru", *World Development*, v. 3 (1975), pp. 867-876, e as diversas publicações do ITINTEC.

5. Para uma definição das atividades científicas e tecnológicas adaptadas às necessidades dos países menos desenvolvidos, ver: *Resumen de Estudios sobre Política Tecnológica*, Lima, Junta do Acordo de

que abarca tanto o planejamento da ciência e tecnologia quanto a incorporação da tecnologia no quadro do planejamento do desenvolvimento, é a de dividi-las em atividades relacionadas com a promoção da demanda de tecnologia local, com a absorção, regulação da importação, produção de tecnologia e serviços de apoio (principalmente informação e capacitação). Dado que estas cinco categorias estão relacionadas principalmente com a tecnologia, deverá ser somada uma sexta categoria que inclua a pesquisa básica orientada para a curiosidade científica. Nesta categoria poderão ser introduzidas outras subdivisões (por área-problema, disciplina, setor, tipo de atividade etc.) dando origem ao aspecto geral de atividades científicas e tecnológicas a ser considerado no processo de planejamento.

As decisões antecipatórias contidas nos planos de ciência e tecnologia geralmente têm se referido à definição de atividades científicas e tecnológicas e à dotação de recursos. Na maioria dos exercícios de planejamento tem prevalecido o conceito de que um plano é uma coleção de projetos, o que leva ao descuido de outros pontos envolvidos no relacionamento da ciência e tecnologia com os objetivos do desenvolvimento. Os mais importantes dentre estes são as decisões antecipatórias com respeito à estrutura institucional para a realização de atividades científicas e tecnológicas, os padrões de interação com os sistemas econômicos e educativos e a definição de uma imagem ou estilo desejado para o desenvolvimento da ciência e da tecnologia. O conteúdo do planejamento da ciência e tecnologia deveria ampliar-se a fim de incorporar considerações deste tipo.

## 6. A Organização do Esforço de Planejamento

O processo para se chegar às decisões por antecipação, que constituem o planejamento científico e tecnológico, impõe certos requisitos organizativos. Devido à sua natureza participatória, a maioria destes exercícios tem adotado a mesma estrutura, que consiste num grupo de coordenação com uma secretaria executiva, assessorado por certo número de comissões técnicas. Estas comissões são usualmente integradas

---

Cartagena, 1973; F. SAGASTI, *A Systems Approach to Science and Technology Policy Making and Planning*, Departamento de Assuntos Científicos, OEA, 1973; e F. SAGASTI e M. GUERRERO, *El Desarrollo Científico y Tecnológico de América Latina*, Buenos Aires, BID-INTAL, 1974.

por pesquisadores, membros do pessoal do órgão de planejamento de ciência e tecnologia e, em alguns casos, por engenheiros e usuários dos resultados das atividades científicas e tecnológicas. Poderão ser "verticais" se se referirem a um setor, área-problema ou disciplina em particular, ou "horizontais" se cruzarem estas divisões e tratarem de pontos tais como recursos humanos, informação e instrumentos de política[6].

As variações encontradas entre diferentes exercícios de planejamento derivam da autoridade e mandato do grupo coordenador central; do número, tipo e composição das comissões; do mandato dado às comissões pelo grupo central; e do grau de intervenção do grupo central e das comissões na execução do plano.

A relação entre o grupo coordenador e o órgão central de planejamento pode ser de subordinação, onde os planejadores de ciência e tecnologia seriam parte do organismo central de planejamento e responsáveis perante ele. Mais freqüente é o caso em que se dá ao grupo de planejamento de ciência e tecnologia, ao menos formalmente, uma condição igual à dos planejadores econômicos, supondo-se assim que o plano de ciência e tecnologia será coordenado em conjunto com o plano econômico. Não obstante, mesmo quando se atribui uma mesma categoria aos planejadores de ciência e tecnologia, a disparidade de recursos, o acesso político e o poder os relegam a uma posição secundária.

A quantidade de comissões estabelecida pelo grupo de coordenação geralmente excede o número de ministérios do governo. Deixando de lado os ministérios de defesa (normalmente, o planejamento de ciência e tecnologia não engloba aspectos militares), um certo número de comissões setoriais corresponde de um modo geral à estrutura da administração pública.

Isto é complementado por comissões que tratam de áreas-problema especiais (energia, recursos hidráulicos etc.), de ciências básicas (geralmente subdivididas por disciplinas), e de temas horizontais, tais como recursos humanos ou medidas para melhorar a produtividade das organizações de pesquisa. A estrutura poderia incluir várias centenas de participantes.

As diferenças entre exercícios de planejamento surgem em grande parte da composição das comissões técnicas. A co-

---

6. Este enfoque tem sido seguido na prática por países tão diversos como o Brasil, Índia, México, Egito, Coréia do Sul, Colômbia e Venezuela. Ver o volume em preparação pelo Escritório do Coordenador de Campo do Projeto STPI, que será publicado pelo Centro Internacional de Pesquisas para o Desenvolvimento do Canadá.

munidade científica poderia prevalecer enquanto número de membros; a maioria dos membros da comissão poderia pertencer a departamentos governamentais, ou poderia haver um representação equilibrada de planejadores e administradores, de cientistas e engenheiros e de usuários dos produtos da ciência e da tecnologia. A execução do plano depende de tal equilíbrio, porque as atividades científicas e tecnológicas não podem ser levadas a cabo mediante a imposição, nem se pode obrigar a utilização de seus resultados. Isto requer que aqueles que estão encarregados de efetuar a transição de decisões antecipatórias para decisões reais, estejam envolvidos em todas as fases do processo de planejamento.

Às comissões poderá ser dada a autonomia necessária a fim de definir estratégias, prioridades, dotação de recursos e ainda projetos específicos, desde o princípio, limitando-se o papel do grupo central à recopilação das propostas. Quando se dá um mandato tão amplo às comissões é quase certo que o plano derivará de um conjunto de projetos definidos após duras negociações entre seus membros. Outro enfoque daria às comissões, sob uma forte orientação centralizada, a tarefa de definir primeiramente uma estratégia para o setor, área-problema, ou disciplina de sua competência, procurando-se áreas de concentração e prioridades gerais. Após uma primeira revisão e integração dos programas propostos, o grupo coordenador pediria às comissões que revisassem seus programas dentro de um limite de níveis máximos e mínimos de recursos disponíveis. Nesta etapa, seriam formulados projetos específicos de pesquisa ou poderá se convidar a comunidade científica e tecnológica a apresentar projetos no limite dos programas gerais[7].

O grau de intervenção do grupo central e das comissões na execução do plano dependerá do poder relativo dos planejadores de ciência e tecnologia e dos recursos que tenham à disposição, particularmente relacionados com as formas tradicionais de canalizar fundos para atividades científicas e tecnológicas através das instituições governamentais. Sempre e quando o plano for posto em prática, às comissões poderá ser atribuída a tarefa de supervisionar seu progresso no campo de sua competência. Quando não se tem nenhum lugar reservado às comissões após a formulação do plano, estas poderão ser dissolvidas, caso em que a supervisão torna-se função do grupo

---

7. Um exercício altamente imaginativo e bem-sucedido deste tipo é descrito num trabalho de JAMES BRIAN QUINN e ROBERT MAJOR, "Norway: a Small Country Plans Civil Science and Technology", *Science*, 83 (1974), pp. 172, 179.

coordenador central. Para algumas áreas-problema ou assuntos importantes que requeiram uma atenção prolongada, poderão se estabelecer comissões permanentes sob a proteção dos planejadores de ciência e tecnologia e dos correspondentes organismos governamentais.

## 7. Os Limites dos Métodos de Planejamento da Ciência e Tecnologia

Existe uma quantidade relativamente grande de métodos e procedimentos formais delineados para ajudar os planejadores de ciência e tecnologia na definição de prioridades e dotação de recursos, particularmente para atividades de pesquisa. A maioria deles tem sido utilizada em exercícios demonstrativos e somente uns poucos são aplicados a situações reais[8].

A impressão geral que um cuidadoso estudo dos métodos disponíveis deixa é que a formalização e a teoria estão muito mais adiantadas que a prática no planejamento da ciência e tecnologia. A maioria dos métodos quantitativos requer um grande volume de informação que introduz várias hipóteses que simplificam os problemas a ponto de torná-los triviais. Há a necessidade manifesta de elaborar um limite sistemático a fim de analisar tais métodos e o valor que podem ter para o planejamento da ciência e tecnologia.

Ademais os defeitos inerentes aos métodos de planejamento, os planejadores de ciência e tecnologia amiúde agravam o problema ao esperar muito das metodologias. Isto dá origem a um sonho tecnocrático no qual os planejadores poderiam fornecer dados a um modelo que definiria prioridades, dotação de recursos e projetos de mecânica. Isto nunca ocorre na prática.

No que diz respeito à identificação de prioridades, há umas poucas regras heurísticas que poderiam fornecer alguma orientação. A primeira é diversificar o máximo possível as fontes de prioridades, examinando as iniciativas da comunidade científica e tecnológica, as **áreas-problema apresentadas pelos** usuários, as políticas governamentais contidas no plano de de-

---

8. Ver M. CETRON e J. GOLDHAR (eds.), *The Science of Managing Organized Technology*, New York, Gordon and Breach, 1970; F. SAGASTI, *A Systems Approach to Science and Technology Planning*, Washington OEA, Departamento de Assuntos Científicos, 1972; e C. MAESTRE e K. PAVITT, *Analytical Methods in Government Science Policy*, Paris, OECD, 1971. W. Mostert preparou uma bibliografia sobre o tema, publicada pela Escola Superior de Administração de Negócios (ESAN) de Lima, Peru, em 1976.

senvolvimento econômico, os problemas invariantes que continuarão importantes por longos períodos, as áreas resultantes dos problemas sociais e econômicos de curto prazo etc. As prioridades para as atividades científicas e tecnológicas seriam então determinadas por meio do jogo de diversas forças em vez de o serem através da expressão das opiniões e preconceitos dos planejadores.

A segunda regra heurística é evitar tratar o plano de desenvolvimento econômico como a fonte primária de prioridades para ciência e tecnologia. Não existe relação automática entre as prioridades do desenvolvimento econômico e as prioridades da ciência e tecnologia. Seus horizontes de tempo são distintos e atribuir demasiada importância ao plano de desenvolvimento poderia levar a ignorar possíveis contribuições da ciência e tecnologia. Com efeito, há provavelmente muitos projetos que não se inserem no plano de desenvolvimento precisamente porque não se dispõe do conhecimento científico e técnico para executá-los. Se as prioridades para a ciência e a tecnologia são tomadas apenas do plano, então talvez jamais se desenvolvam os conhecimentos essenciais e tais projetos.

A determinação do nível adequado de consignação de recursos para um setor, área-problema ou disciplina, tem sido um problema permanente para os planejadores. As dotações reais no caso de atividades existentes estão limitadas no nível superior pela capacidade de absorção do sistema científico e tecnológico e, no inferior, pelo mínimo necessário para continuar os programas. No caso de novas atividades é difícil estipular os limites, embora se possa relacionar com eles a possibilidade de se juntar a uma equipe de cientistas e profissionais que poderiam absorver os recursos sem efetuar gastos excessivos.

Os esforços de planejamento de ciência e tecnologia nos países subdesenvolvidos estão recém-começando. Todavia não foram plenamente legitimados e enfrentam a dupla oposição dos cientistas liberais e dos proponentes do crescimento. Portanto, os planejadores da ciência e tecnologia enfrentam uma difícil luta no processo de introdução de considerações tecnológicas no processo de planejamento do desenvolvimento e em orientar a realização de atividades científicas e tecnológicas. Para levar a cabo adequadamente estas tarefas, é preciso prestar atenção à organização do exercício de planejamento e projetar novos enfoques e procedimentos operativos que tornem mais realista a multiplicidade de metodologias sofisticadas que têm sido propostas.

# 3. RUMO A UM NOVO ENFOQUE PARA O PLANEJAMENTO CIENTÍFICO E TECNOLÓGICO*

## 1. As Categorias de Decisões Envolvidas no Planejamento Científico e Tecnológico

Considerando que as decisões por antecipação são os componentes básicos do planejamento, os métodos de planificação devem levar em conta explicitamente os diferentes tipos de decisões, já que estas requerem distintos métodos e

---

\* Este capítulo se baseia em um trabalho do mesmo título publicado na série de estudos sobre o desenvolvimento científico e tecnológico da OEA (n.º 13) e na revista *Social Sciences Information*, v. 12 (1973), n.º 2, pp. 67-95.

procedimentos. Num processo de planejamento em geral, e no planejamento do desenvolvimento científico e tecnológico em particular, podem-se identificar cinco categorias gerais de decisões:

1. a definição de ideais a longo prazo e de uma imagem do futuro desejado para o sistema;
2. as decisões que se referem aos padrões de interação com sistemas interligados e suas áreas de decisão;
3. as decisões com relação à infra-estrutura institucional do sistema;
4. as decisões sobre o alcance e a natureza das atividades a serem levados a cabo pelo sistema;
5. as decisões com respeito à dotação de todo tipo de recursos.

Estas cinco categorias de decisões por antecipação representam respectivamente os campos de planejamento *Estilístico, Contextual, Institucional, de Atividades* e *de Recursos*. A interação entre estes pode ser resumida dizendo-se *que os recursos são atribuídos a atividades por meio de instituições, levando em consideração o contexto, a fim de alcançar um futuro para o estilo desejado.*

Se bem que seja possível fazer uma separação conceitual destes cinco tipos de decisões de planejamento, deve-se realçar que eles não são independentes e não podem ser tratados de forma separada e individual. O ideal seria dispor de uma metodologia de planejamento que estabelecesse simultaneamente a combinação de atividades, a estrutura institucional e a consignação de recursos que otimizasse o rendimento do sistema, aproximando-o do seu ideal. Entretanto, é pouco provável que num futuro próximo se possa desenvolver tal metodologia e a alternativa mais viável consiste em delinear procedimentos iterativos de planejamento através dos quais se tomaria cada categoria de decisão, definindo para cada uma delas um plano provisório que seria revisado uma vez tomadas as decisões por antecipação nas outras áreas.

As cinco categorias propostas podem ser consideradas como um ponto de referência que permite ordenar as tarefas de planejamento para o desenvolvimento científico e tecnológico. Os métodos atuais de planificação referem-se somente às categorias de planejamento de atividades e de recursos; não há métodos projetados especificamente para tomar decisões por antecipação nas outras categorias.

As diferentes características das categorias de decisão indicadas devem desenvolver diferentes pontos de vista, formas de pensar, métodos e modelos que se adeqüem a cada uma delas. Não se pode esperar que os conceitos, procedimentos e métodos de uma categoria resultem igualmente aplicáveis para os demais, que diferem em quase todos os aspectos. Por exemplo, não é possível aplicar de forma eficaz os procedimentos e perspectiva de planejamento de recursos ao planejamento institucional, contextual ou estilístico, já que os problemas de distribuição e dotação de recursos pouco têm em comum com os problemas de criação de instituições, de coordenação de políticas e interações e de esboço do ideal desejado.

Tais observações podem ser sintetizadas da seguinte forma: no planejamento para o desenvolvimento científico e tecnológico deve-se levar em conta as diferentes categorias de decisão e desenvolver métodos adequados a cada uma.

As diferenças existentes entre os cinco tipos de decisões por antecipação indicam que elas devem situar-se no âmbito de diversos organismos de planejamento. Supondo que exista uma entidade central de planejamento científico e tecnológico, esta deveria encarregar-se do planejamento estilístico em consulta com os grupos de interesse que resultem afetados. O planejamento contextual seria realizado pela entidade de planejamento em conjunto com entidades planejadoras de outros sistemas relacionados. O planejamento institucional, o de atividades e o de recursos seriam levados a cabo pelo organismo central de planejamento e pelas instituições que atuam no âmbito do sistema científico e tecnológico.

O planejamento estilístico é essencialmente uma atividade a longo prazo; o planejamento contextual, o institucional e o de atividades referem-se principalmente ao médio prazo, enquanto que o planejamento de recursos envolve as três dimensões, ainda que ponha ênfase no curto prazo. Dito de outra maneira, o curto prazo é a dimensão dominante no planejamento de recursos, o médio prazo no de atividades, no institucional e no contextual, e o longo prazo no planejamento estilístico.

O Quadro 2 mostra as principais características dos cinco tipos de atividades de planejamento. Para cada um deles são especificados os fatores condicionantes, as áreas de importância, o tipo de processo, os procedimentos envolvidos, a organização responsável por sua execução e o horizonte temporal dominante.

## 2. Planejamento Estilístico

Os objetivos gerais do planejamento estilístico são projetar uma imagem desejada futura para o sistema científico e tecnológico e comprometer a participação dos grupos de in-

Quadro 2. Características da Categoria de Planejamento

|  | Estilístico | Contextual | Institucional | De Atividades | De Recursos |
|---|---|---|---|---|---|
| FATORES CONDICIONANTES | Sistema de valores e preferências (limitações estilísticas). | Limitações contextuais. Interdependência com outros sistemas. | Limitações institucionais. Ecologia organizacional. | Capacidade existente e potencial do sistema. Dinâmica do processo de desenvolvimento do sistema. | Disponibilidade de recursos. Possibilidade de dirigir as dotações. |
| ÁREAS DE IMPORTÂNCIA | Futuras alternativas. Imagem desejada. Clarificação de valores. | Convergência das políticas e planos. | A estrutura organizacional apropriada (canais e agrupamentos). | Áreas de concentração de atividades. Avaliação do rendimento passado. | Dotação de recursos. |
| TIPO DE PROCESSO | Exploratório. Consultivo. De interação múltipla. | De coordenação. De negociação | De estruturação (estabelecimento do contexto organizacional). | De diagnóstico. De fixação de metas. De balanceamento. De aprendizagem. | De dotação e distribuição. Experimental. |

|  | | | | | |
|---|---|---|---|---|---|
| **PROCEDIMENTOS ENVOLVIDOS** | Estabelecer normas ideais. Propor direções gerais. Estabelecer diálogo com grupos de interesse. | Explicitar políticas implícitas pertinentes. Resolver contradições. Utilizar instrumentos indiretos para implementar planos e políticas. | Constituir e renovar instituições. Definir padrões de rendimento. Estabelecer regras de comportamento. | Estabelecer objetivos. Definir orientação. Fixar procedimentos operacionais | Adquirir e distribuir recursos. Estabelecer prioridades para a dotação de recursos. Definir objetivos e metas específicas. Gerar uma base de informação. |
| **ORGANIZAÇÃO RESPONSÁVEL** | Entidade planejadora e grupos interessados. | Entidade planejadora e entidades de outros sistemas. | Entidades planejadoras e outras organizações do sistema. | Entidade planejadora e outras organizações do sistema. | Entidade planejadora e outras organizações do sistema. |
| **HORIZONTE TEMPORAL DOMINANTE** | Longo prazo. | Médio prazo. | Médio prazo. | Médio prazo. | Curto prazo. |

teresses atingidos, esclarecendo no processo seus valores e preferências. O plano estilístico se converte assim num instrumento para promover o diálogo e a participação, cuja meta é alcançar uma visão comum do futuro e uma perspectiva compartilhada pelos interessados que participam.

Ao comentar a análise do planejamento econômico francês, feita por Crozier, Trist[1] destaca que o processo de aprendizagem que tem lugar no curso da preparação de um plano reveste-se de uma importância muito maior que o plano em si. Carroll[2] sugere que este processo de aprendizagem gerado pelo planejamento participativo, sobretudo em questões tecnológicas, não deve estar necessariamente limitado aos cientistas e funcionários do governo, mas que deve envolver todos os cidadãos. Portanto, a tarefa principal consiste em estabelecer mecanismos de participação e diálogo para iniciar o processo de aprendizagem que leve a identificar o estilo desejado para o sistema.

O planejamento estilístico é um processo exploratório, condicionado principalmente por estruturas de valores e preferências. Isto é o que Ackoff[3] designa como "limitações estilísticas". O processo se concentra na especificação de futuros alternativos e na definição da imagem desejada, o "futuro volitivo" como o denomina Ozbekhan[4].

O futuro ideal do sistema esboçado através do planejamento estilístico deve incluir postulados sobre os padrões de interdependência com os demais sistemas. Por exemplo, deve especificar a possível contribuição da ciência e da tecnologia ao desenvolvimento econômico, à educação e ao aproveitamento dos recursos naturais. Além disso, deve conter uma descrição da infra-estrutura institucional ideal do sistema, da estrutura de atividades a realizar e dos meios ideais de aquisição e concessão de recursos.

O ideal se apresenta na forma de um conjunto de cenários ou instantâneos que consistem em postulados qualitativos sobre o sistema e suas inter-relações com o meio ambiente no futuro. Os cenários se complementam imediatamente com propostas de estratégia geral para alcançar o estado ideal descrito.

1. ERIC TRIST, *The Relation of Welfare and Development in the Transition to Post-Industrialism*, Los Angeles, Western Management Science Institute, University of Califórnia, 1968.
2. JAMES D. CARROLL, Participatory Technology, *Science*, v. 171 (fev. 1971), pp. 647-653.
3. R. L. ACKOFF, *A Concept of Corporate Planning*, New York, John Wiley and Sons, Inc, 1970.
4. HASAN OZBEKHAN, "Toward a General Theory of Planning", em JANTSCH (ed.), *Perspectives of Planning*, OECD, Paris, 1969.

Os postulados não devem ser necessariamente quantitativos ou estarem respaldados por projeções detalhadas. Em princípio devem ser descrições impressionistas do sistema para um determinado momento. À medida que se progride nas interações que o processo contínuo requer, vão-se aperfeiçoando estes instantâneos, enfocando-os mais claramente, com o que se consegue evidenciar os possíveis desenvolvimentos e as limitações externas.

O horizonte do planejamento estilístico é o longo prazo, suficientemente extenso tal que a situação atual e sua dinâmica não condicionem significativamente a situação futura. No entanto, isto não implica deixar de lado o referente à possibilidade e à factibilidade.

A preocupação com projetos de sistemas ideais não é recente. Além do pensamento utópico tradicional, tem-se propugnado o projeto de sistemas ideais baseado em sua contribuição à tomada de decisões atuais num nível prático. Uma das primeiras descrições coerentes da possível utilização de esquemas ideais como base para a ação, foi feita por Kropotkin em 1873[5], que enfatiza os benefícios de liberar a imaginação das questões de factibilidade, a fim de descobrir estruturas latentes de valores e preferências. Em outro sentido, tanto Ackoff[6] quanto Ozbekhan[7] concordam com Kropotkin nestes benefícios do pensamento utópico. Ackoff propõe a construção de cenários sem limitações além das estilísticas, e Ozbekhan sugere o projeto de um futuro "volitivo" que incorpore somente considerações de preferências e valores. Não obstante, considero que as imagens ideais, para que sejam de verdadeira utilidade no planejamento estilístico, devem estar demarcadas de alguma maneira pelo conceito do que é possível alcançar.

A visão *estilística* do futuro adota uma posição de desejo ou propósito; trata de projetar um esquema futuro que concretize aspirações ideais e em seguida derivar uma estratégia para alcançá-lo, a partir das condições atuais. Em contraste, a visão *extrapolada* do futuro implica admitir uma continuação das tendências atuais e postular uma imagem que é o resultado de não se tomar nenhuma ação corretiva. Por último, a visão *mais provável* é projetada considerando-se as tendências atuais e as prováveis reações a elas para chegar ao futuro esperado.

O planejamento estilístico deve evitar de início os aspectos de factibilidade e possibilidade, segundo o sugerido por

---

5. P. A. KROPOTKIN, *Selected Writings of Anarchism and Revolution,* Cambridge, Mass., MIT Press, 1970
6. R. L. ACKOFF, *Op. cit.*
7. H. OZBEKHAN, *Op. cit.*

Kropotkin, a fim de não interferir na visão do futuro que pode trazer novas idéias e incorporar preferências e valores; mas logo é preciso introduzir tais aspectos para modificar a imagem desejada e projetar a estratégia para alcançá-la. Nas etapas posteriores tanto o futuro extrapolado quanto o mais provável devem exercer o papel de projeções de referência, a fim de pôr os planejadores em confronto com a "brecha de planejamento" que surge da diferença entre o futuro projetado e o desejado.

As considerações sobre factibilidade e possibilidades reais constituem um fator de equilíbrio para o pensamento utópico associado ao projeto do futuro desejado. No planejamento estilístico da ciência e tecnologia tais considerações são introduzidas de duas maneiras: através do diagnóstico da situação existente, sua dinâmica e possibilidade de desenvolvimento, e por meio dos prognósticos tecnológicos que indicam a factibilidade de alcançar determinados aspectos do futuro desejado.

A introdução de uma dose de realismo no processo de planejamento estilístico destina-se a evitar a tentação de aceitar os postulados contidos numa imagem desejada, elaborá-los e em seguida dar como aceito que essa imagem seja um fato consumado. Esta tendência foi denominada "projetismo" ou "voluntarismo" e Gross[8] mostra que se trata de uma característica comum no planejamento de muitos países subdesenvolvidos "nos quais é fácil sonhar, mas para lograr algo devem ser superados obstáculos extraordinários". Segundo Gross:

...o projetismo se baseia em compromissos utópicos sobre situações desejadas, que são, clara e simplesmente, impossíveis de alcançar. Em última instância, a elaboração de pressupostos métodos a fim de alcançar o inalcançável pode servir para fazer com que o plano seja mais plausível, ainda que mais factível. Apesar de tudo, o fato de que um plano seja utópico não o impede de chegar à etapa de decisão central e compromisso. Os líderes políticos amiúde fazem promessas "celestiais" para desviar a atenção dos verdadeiros problemas (p. 195).

O diagnóstico da capacidade existente e potencial em ciência e tecnologia e o prognóstico tecnológico no planejamento estilístico contribuíram para impedir que se pense em termos "projetistas".

A outorga de prioridade ao planejamento estilístico pode ser justificada por várias razões, particularmente em ciência e tecnologia. Em primeiro lugar, trata-se de uma atividade relativamente independente e sendo um exercício a longo prazo,

---

8. BERTRAM GROSS, "Planning the Improbable", em GROSS (ed.), *Action under Planning,* New York, Mc Graw Hill, 1967.

teria um efeito condicionante sobre os outros tipos de planejamento.

Em segundo lugar, é lógico supor que os planejadores, aqueles que estabelecem políticas e outros grupos de interesse poderão concordar mais facilmente sobre conceituações ideais a longo prazo, do que sobre problemas de curto e médio prazo, tais como dotação de recursos, definição de atividades, e desenvolvimento de instituições. O planejamento estilístico ofereceria, assim, uma base de acordo que de outra maneira seria difícil obter.

## 3. Planejamento Contextual

Esta categoria de decisões refere-se ao padrão de interações entre o sistema científico e tecnológico e os sistemas com os quais se inter-relaciona o meio ambiente. O planejamento contextual destina-se a alcançar uma coerência maior entre tais sistemas e a explorar a possibilidade de utilizar mecanismos indiretos para implementar as decisões de planejamento. Depende das limitações impostas pelo contexto e coloca ênfase na convergência das políticas e planos apresentados pelos diferentes sistemas, através de processos de coordenação e negociação. Os procedimentos a seguir consistem em explicitar as conseqüências das políticas e planos de outros sistemas, resolver as contradições que possam se apresentar entre eles e analisar as possíveis formas de implementação do plano de ciência e tecnologia mediante ações adotadas em outros sistemas.

O meio ambiente pode ser definido como o conjunto de sistemas e componentes que afeta o comportamento e o rendimento do sistema científico e sobre o qual este não pode exercer controle direto. Isto não implica que o sistema não tenha influência alguma sobre o meio ambiente, já que os processos de negociação e coordenação afetam seu comportamento sem que se exija um controle direto sobre ele.

Eric Trist, em sua contribuição a um informe das Nações Unidas sobre capacidade administrativa para o desenvolvimento[9], propõe uma diferenciação do meio ambiente de um sistema ou organização em meio ambiente operativo e contextual:

É necessário distinguir entre meio ambiente imediato, operacional e meio ambiente mais remoto, contextual. O meio ambiente opera-

---

9. E. TRIST, *Appraising Administrative Capabilities for Development*, New York, Nações Unidas, 1969.

cional consiste em todas as organizações, grupos e pessoas com as quais o sistema dado tem relações específicas, tanto do lado dos insumos quanto dos produtos, se bem que pode não estar consciente de todos os aspectos. O meio ambiente contextual constitui-se de relações que as entidades do meio ambiente operacional mantêm entre si e com outros sistemas que não entram diretamente no mundo das transações da própria organização (p. 144).

Para que um sistema funcione em harmonia com seu meio ambiente não basta prestar atenção ao meio operacional, formado pelas organizações, instituições, grupos de interesse e clientes que têm ligação direta com o sistema; deve-se também avaliar a influência potencial do meio contextual e prever as mudanças que podem afetar o comportamento do sistema. Para o sistema científico e tecnológico, o meio ambiente contextual é constituído pelas relações entre diferentes componentes do sistema econômico e entre este e os sistemas físico-ecológico, educativo, político etc.

Ao se planejar padrões de interação pode ocorrer o caso de que seja necessário converter alguns aspectos e componentes do meio ambiente contextual em parte do meio ambiente operativo; em particular, os aspectos que são introduzidos no sistema e afetam seu rendimento. Desta forma se estabeleceria uma ligação direta que permitiria ampliar o alcance e a influência da tomada de decisões, tanto atuais quanto por antecipação, no sistema científico-tecnológico.

As características do meio ambiente e das políticas estabelecidas pelos sistemas que ele contém formam um conjunto de políticas implícitas para a ciência e a tecnologia. As políticas governamentais, sobretudo nos aspectos econômico e educacional, contêm uma gama de conseqüências ou políticas implícitas que regulam de modo indireto o comportamento do sistema científico e tecnológico. Para que o planejamento do desenvolvimento científico e tecnológico seja eficaz, é preciso tornar claro estas políticas implícitas. É possível que neste processo de explicitação se identifiquem contradições entre os objetivos e políticas declaradas e aqueles que o meio ambiente impõe ao sistema. A forma pela qual serão resolvidas tais contradições terá uma influência decisiva sobre o desenvolvimento futuro da ciência e da tecnologia.

O processo de descobrir políticas implícitas e expor contradições pode levar a situações conflituosas. As políticas contraditórias não se tornam congruentes pelo simples fato de se mostrar suas discrepâncias. Estes conflitos de valores devem ser resolvidos mediante processos de coordenação ou negociação. Uma vez expostas as contradições, quem estabelece as políticas e formula os planos deverá escolher entre opções alternativas de modo aberto e com plena consciência dos conflitos de valores envolvidos.

Em suma, o planejamento contextual se ocupa das interdependências entre o sistema e seu meio ambiente. Examina as políticas implícitas que são conseqüência de decisões reais e antecipadas tiradas de outros sistemas, identifica possíveis contradições, indica a forma de resolvê-las, e considera além disso a possibilidade de utilizar instrumentos indiretos para a implementação de políticas científicas e tecnológicas. O planejamento contextual é principalmente uma atividade a médio prazo. A situação que impera, em particular no que se refere ao meio ambiente operacional e ao contextual, condiciona as decisões a serem tomadas por antecipação, mas não a determina de forma preponderante.

## 4. Planejamento Institucional

As decisões por antecipação do planejamento institucional referem-se à rede de organizações por meio da qual serão levadas a cabo as atividades e a canalização de recursos e às normas e regras que regem o comportamento das diversas unidades que dão conformação à infra-estrutura institucional. O planejamento institucional está subordinado principalmente às limitações de caráter organizativo e às possibilidades que existem para o desenvolvimento institucional; isto é, à ecologia organizacional do sistema científico-tecnológico. Enfatiza o estabelecimento de canais e grupos de instituições por meio de um processo de estruturação que define a trama organizacional do sistema. Este tipo de atividade de planejamento compreende a criação e renovação de instituições, o estabelecimento de regras de comportamento e a definição de critérios para avaliar o rendimento das organizações que compõem o sistema científico-tecnológico.

A criação de uma infra-estrutura institucional para o sistema científico e tecnológico é condição essencial para seu desenvolvimento. O ex-diretor geral da UNESCO, René Maheu[10], ao se dirigir aos países asiáticos, ressaltou a importância da rede de instituições:

As nações cientificamente mais avançadas têm clara consciência de que os benefícios sociais e econômicos da pesquisa orientada ou aplicada dependem da existência e eficiência do que se conhece como "rede operacional" de instituições de pesquisa científica e tecnológica do país (p. 10).

---

10. RENÉ MAHEU, *National Science Policies in Countries of South and Southeast Asia,* Paris, UNESCO, Cap. 3.

Esta rede de instituições está geralmente bem organizada nos países de maior desenvolvimento, razão pela qual estes raras vezes têm se ocupado dela de forma explícita: dá-se por aceito que a infra-estrutura institucional existe e passa-se a considerar os problemas de prioridade e dotação de recursos. A reduzida preocupação com os problemas de ordem institucional, tanto na área de ciência e tecnologia quanto em outros campos, tem levado a crer que os países subdesenvolvidos deveriam seguir uma estratégia de imitação ao planejar seu desenvolvimento institucional. Assim o destaca Whyte[11] referindo-se ao Peru:

> No Peru acha-se muito difundida a tendência a imitar a estrutura institucional e as práticas das nações industrializadas e a aceitar as instituições de outros países como padrão de medida das instituições peruanas. Tem-se consciência desta tendência e se critica a influência externa fazendo uma rigorosa defesa do peruano. Mesmo aqueles que em público adotam a posição mais nacionalista, em particular e em conversas informais, falam das deficiências do país e da necessidade de ajustar as instituições segundo a imagem das de outro país (p. 371).

Uma estratégia de imitação institucional tende ao fracasso e deve ser evitada porque o contexto e o meio ambiente em que operam as instituições de um país desenvolvido são totalmente distintos dos que prevalecem nos subdesenvolvidos. No âmbito da ciência e tecnologia existem muitos casos nos quais teria sido preferível desenvolver uma estrutura institucional diferente da que se tem na atualidade, copiada do exterior (por exemplo, no caso dos conselhos nacionais de pesquisa). Todavia, as condições sociais e históricas particulares podem oferecer oportunidades para desenvolver novos padrões institucionais, mais adequados às condições locais.

Nos países subdesenvolvidos a avaliação das instituições no sistema científico e tecnológico tem sido muito lenta. Os institutos de pesquisa, universidades e conselhos de pesquisa e organizações de serviço necessitam de recursos financeiros e de pessoal qualificado, e em muitos casos, particularmente na América Latina, não tem existido uma demanda efetiva para os conhecimentos e serviços que produzem.

Organizar em curto tempo uma estrutura institucional é tarefa extremamente difícil. Geralmente há um núcleo de instituições, às vezes muito deficientes, a partir do qual se poderia projetar uma rede organizacional efetiva. O planeja-

---

11. WILLIAM F. WHYTE, "Innovation or Imitation (Reflections on the Institutional Development of Peru", *Administrative Science Quarterly*, v. 13, 1968, pp. 370-385.

mento institucional toma como base a estrutura existente, examina-a de forma crítica e propõe os ajustes necessários. Uma vez colocadas em andamento as propostas, deve-se deixar que evoluam sem modificações durante um período mínimo, já que é preciso algum tempo para que cheguem a se estabilizar. Mudanças radicais freqüentes podem retardar o desenvolvimento da estrutura institucional adequada.

O planejamento institucional deve cobrir a rede de instituições em diferentes níveis, desde unidades individuais de pesquisa, engenharia e difusão, até o de organizações nacionais e internacionais. Na prática, cumpre enfocá-la de forma modular, concentrando-se de maneira seqüencial em diferentes aspectos da complexa rede de instituições e organizações.

Em geral não existem critérios para identificar e gerar projetos institucionais ótimos, menos ainda para o sistema científico e tecnológico em países subdesenvolvidos. Uma possível estratégia neste sentido consiste em estabelecer condições mínimas para uma estrutura institucional aceitável. Esta estratégia pode ser melhorada acrescentando-lhe um segundo conjunto de critérios, apoiados na capacidade de adaptação do projeto em relação às mudanças que se produzem no sistema ou em seu meio ambiente. Isto levaria a projetar instituições que satisfizessem normas mínimas de aceitabilidade e que contassem com uma capacidade adaptativa. Todavia, nem sempre é possível definir os critérios de adaptabilidade e as normas mínimas que o projeto institucional deve satisfazer[12].

5. *Planejamento de Atividades*

O planejamento de atividades trata das decisões referentes ao alcance e natureza das tarefas a serem realizadas. Depende das capacidades existentes e potencial do sistema e da dinâmica de seus processos internos. Nesta categoria de planejamento estabelecem-se prioridades para as áreas de ação e se avalia o rendimento no passado, como pauta complementar para definir tais prioridades. Para isso é necessário diagnosticar a situação existente, fixar metas e buscar o equilíbrio entre ambas.

Os objetivos do planejamento de atividades são proporcionar prioridades e orientação geral ao sistema científico e tecnológico, bem como propor medidas para a regulação do

---

12. Ver o Cap. 7 de F. SAGASTI, *Towards a Methodology for Planning Science and Technology in Underdeveloped Countries*, Tese de Doutoramento, Universidade de Pensilvânia, 1972.

fluxo de conhecimentos provenientes do exterior. A metodologia deveria especificar o tipo de atividades prioritárias e as áreas de concentração, levando em conta sua possível contribuição ao desenvolvimento econômico e social. Portanto, as tarefas do planejamento de atividades podem ser divididas em três grupos: determinar as atividades científicas e tecnológicas que o país deveria realizar; especificar as áreas nas quais será necessário adquirir conhecimentos de fontes estrangeiras e definir as tarefas complementares que permitem fixar e absorver os conhecimentos importados.

O planejamento de atividades baseia-se no princípio de que a autarquia científica e tecnológica é praticamente impossível no mundo moderno. A estratégia que se propõe para o desenvolvimento científico e tecnológico é alcançar uma *interdependência seletiva* com outros países e seus respectivos sistemas científicos e tecnológicos. Isto implica que o país subdesenvolvido tratará de concentrar seus esforços em áreas onde já tem certa capacidade ou pode adquiri-la a curto prazo; nas áreas onde não pode — ou não seja conveniente — importar conhecimentos. A comunidade científica local se transformaria assim num centro de qualidade a nível mundial nas áreas nas quais haja decidido concentrar seus esforços, procurando compensar o fluxo de conhecimentos importados. A estratégia de interdependência seletiva também implica a possibilidade de importar conhecimentos, elaborá-los e em seguida tornar a exportá-los. Por isso, é de fundamental importância fazer uma seleção das áreas científico-tecnológicas que apresentam maiores vantagens no país. O controle eficaz da importação de tecnologia é também importante, a fim de assegurar que o país obtenha de seus fornecedores as condições mais favoráveis naquelas áreas onde depende de conhecimentos externos. A amarga experiência dos países latino-americanos na aquisição de tecnologia estrangeira demonstra que é necessário exercer um melhor controle sobre o processo de transferência de tecnologia aos países subdesenvolvidos.

Para determinar as áreas e prioridades em ciência e tecnologia segue-se geralmente o método das necessidades e possibilidades[13] que consiste em comparar o potencial científico e tecnológico com as exigências do sistema econômico, educacional etc. Em primeiro lugar examina-se o funcionamento dos sistemas geradores de demanda para identificar e explicitar suas necessidades. Comparam-se em seguida estas

13. F. SAGASTI, *Notes on the OECD and OAS Methodologies for Determining Requirements for Science and Technology*, Washington, DC, Departamento de Assuntos Científicos, OEA, 1970.

necessidades ou exigências com as possibilidades existentes a fim de acoplar a demanda à oferta de conhecimentos e identificar desequilíbrios. Este processo de comparação e avaliação substituiria os mecanismos de mercado para conhecimentos científicos e tecnológicos.

Considerando cada um dos grupos de atividades, o científico-tecnológico e o gerador de demanda, é possível introduzir uma classificação que sirva de ponto de partida para a identificação de diferentes tipos de necessidades (ver Fig. 1).

Começando pelas atividades geradoras de demanda (econômicas, sociais, culturais etc.) temos as atividades *existentes e planejadas* que geram uma demanda de ciência e tecnologia, que pode ser *satisfeita* ou *não-satisfeita* conforme sejam levadas a cabo as atividades científicas e tecnológicas pertinentes. As necessidades não-satisfeitas são as que geram demanda de novas atividades, enquanto que as satisfeitas se referem a atividades existentes que correspondem à demanda. As exigências ou necessidades não-satisfeitas podem apresentar-se diferentes níveis. No nível global, podem ser estabelecidas prioridades para ciência e tecnologia em áreas de problemas de importância nacional ou para setores econômicos. A nível de unidades de produção e tecnologias específicas, poder-se-iam identificar projetos de pesquisa e eles atribuir prioridades

No grupo de atividades científico-tecnológicas há muitas que não encontram contrapartida nas atividades geradoras de demanda. Estas poderiam *induzir* ou *promover* atividades econômicas, educacionais, sociais e culturais, que por sua vez gerariam necessidades de ciência e tecnologia. Desta maneira, as atividades científicas e tecnológicas desta categoria poderiam criar sua própria demanda, promovendo suas correspondentes atividades econômicas e sociais. As necessidades derivadas desta demanda denominam-se *necessidades induzidas*.

Muitos países subdesenvolvidos contam com uma elevada capacidade em algumas áreas de pesquisa básica ou aplicada que, na prática, tem tido muito pouco uso. Por exemplo, não é raro encontrar um alto nível de competência em áreas como eletrônica, física ou química, para as quais não existe demanda efetiva pelo escasso desenvolvimento dos setores econômicos correspondentes. Esta capacidade para realizar trabalhos científico-tecnológicos pode induzir à realização de atividades econômicas, que por sua vez requereriam os serviços que o sistema científico e tecnológico pode fornecer. Tais *necessidades induzidas* podem ter um papel importante, não só no desenvolvimento de atividades econômicas e sociais, como também no progresso científico e tecnológico.

Fig. 1. Diferentes Tipos de Necessidades.

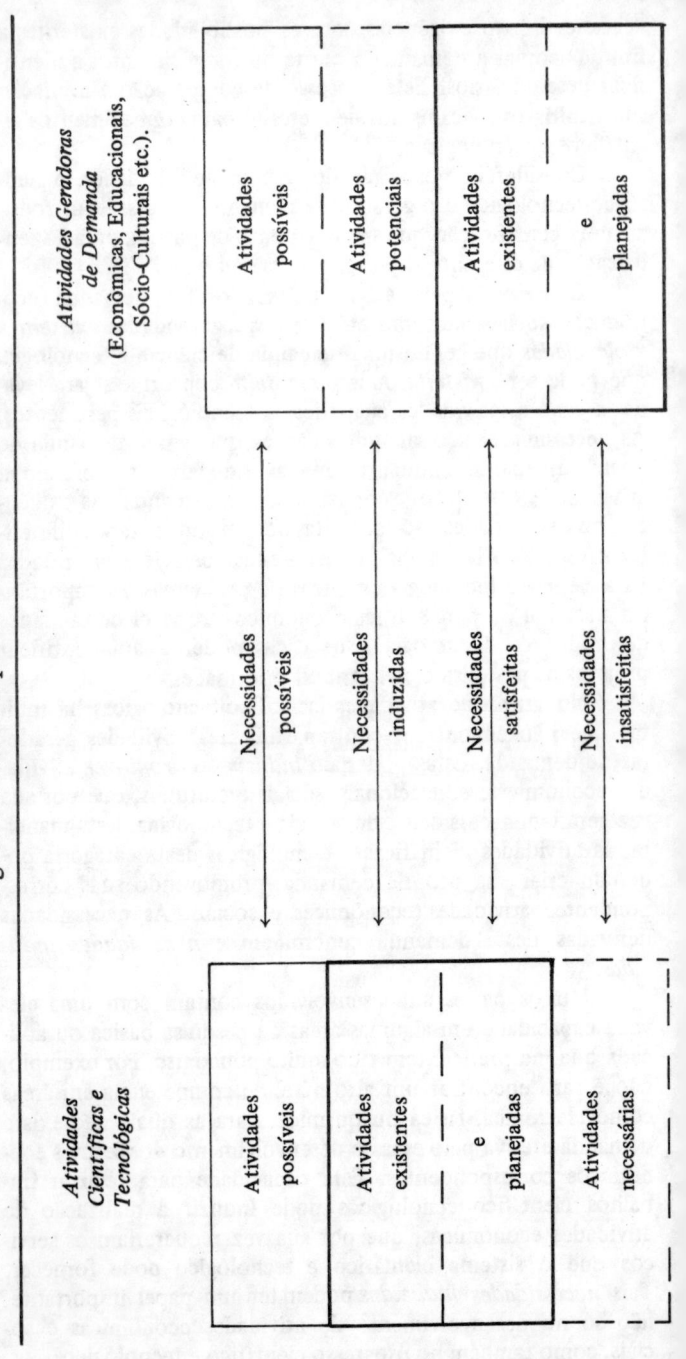

| Atividades Científicas e Tecnológicas | | Atividades Geradoras de Demanda (Econômicas, Educacionais, Sócio-Culturais etc.). |
|---|---|---|
| Atividades possíveis | ↕ Necessidades possíveis | Atividades possíveis |
| Atividades existentes e planejadas | ↕ Necessidades induzidas | Atividades potenciais |
| | ↕ Necessidades satisfeitas | Atividades existentes e planejadas |
| Atividades necessárias | ↕ Necessidades insatisfeitas | |

Para completar esta descrição, pode-se definir outra categoria de necessidades, para a qual não existem nem as atividades científicas e tecnológicas nem as que geram demanda. Estas *necessidades possíveis* surgiriam de uma estratégia de desenvolvimento distinta e de um exame crítico do papel que desempenham a ciência e a tecnologia num modelo de desenvolvimento diferente.

6. *Planejamento de Recursos*

Esta categoria de planejamento ocupa-se das decisões sobre aquisição e distribuição de todo tipo de recursos e está subordinada à sua disponibilidade e à possibilidade de dirigir o modo pela qual são consignados. Os procedimentos para levar a cabo este tipo de atividade devem gerar uma base de informação que permita interpretar cada decisão a partir de um ponto de vista experimental, como se se tratasse de uma amostra tomada do universo de decisões possíveis.

As entidades de planejamento raramente controlam uma alta proporção de recursos destinados à ciência e à tecnologia. Portanto, é necessário que no planejamento de recursos sejam incluídas outras instituições, tais como organizações particulares de pesquisa, universidades e entidades governamentais. Esta categoria de planejamento deve englobar tanto a dotação dos recursos à disposição da entidade planejadora, quanto o uso da influência sobre a forma pela qual outras instituições do sistema científico e tecnológico utilizam seus próprios recursos.

No que se refere aos recursos humanos, as entidades de planejamento científico e tecnológico geralmente têm pouco controle direto sobre a formação de pessoal altamente qualificado. Estas são funções das universidades e de outras instituições educacionais de ensino superior. Em geral, a entidade de planejamento propõe políticas, coordena esforços, e tenta estabelecer uma relação entre os planos educacionais e os de desenvolvimento científico e tecnológico. Considerando as áreas de concentração definidas no planejamento de atividades, pode-se indicar aos planejadores educacionais a necessidade de contar com pesquisadores e pessoal técnico altamente qualificado em certas áreas. Além do mais, é possível organizar eventos, tais como reuniões e conferências, com o objetivo de fomentar o intercâmbio de experiências na comunidade científica e de prestigiar as atividades relacionadas diretamente com o desenvolvimento sócio-econômico.

Podem-se distinguir duas áreas no planejamento de recursos humanos sobre as quais a entidade planejadora poderia exercer controle direto. Trata-se da administração de bolsas de estudo e da preparação de pessoal qualificado em planejamento científico e tecnológico e em outras atividades de apoio ao sistema científico e tecnológico. Mediante a administração de bolsas de estudo, sobretudo para estudar no exterior, a entidade planejadora influiria diretamente sobre o volume e a composição do pessoal altamente qualificado. A preparação de pessoal para o planejamento científico e tecnológico, e o adestramento de toda classe de pessoal auxiliar necessário às atividades de apoio (por exemplo, especialistas em documentação e bibliotecários) são tarefas adicionais que a entidade planejadora deve manejar diretamente.

A dotação de recursos financeiros seguiria procedimentos diferentes de acordo com o controle dos fundos, isto é, se eles são controlados diretamente pela entidade planejadora ou se estão sob o controle de outras instituições. No primeiro caso, a instituição planejadora atribuiria recursos aos campos definidos no planejamento de atividades. Se a entidade planejadora ou alguma de suas dependências pode levar a cabo diretamente as atividades de pesquisa e desenvolvimento, o problema é o de gerar e selecionar os projetos pertinentes. Para os projetos a serem executados por outras organizações, a entidade planejadora solicitará propostas e o problema consistiria em selecionar entre as propostas de pesquisa apresentadas.

Para os recursos financeiros que não se encontram sob o controle direto da entidade planejadora, esta deverá propor a outras instituições os métodos e critérios de dotação, os procedimentos de controle que permitam as comparações interinstitucionais, e a preparação de um orçamento global consolidado para ciência e tecnologia. O planejamento de recursos também deve abranger a preparação de informação sobre sua utilização. Este último contribuiria para possibilitar a aplicação de modelos matemáticos de dotação e a interpretação de decisões de consignação dentro de um limite experimental.

Devem ser incluídas, também, medidas para racionalizar a utilização dos recursos físicos, que se referem aos edifícios, equipamento de laboratório, instrumentos de computação, bibliotecas e centros de documentação. A entidade de planejamento deve propor políticas e planos que levem a uma utilização mais eficiente destes recursos.

Em princípio, as decisões envolvidas no planejamento de recursos são quantificáveis, pelo menos em maior grau que as do planejamento de atividades, institucional, contextual e estilístico. É por isso que pode ser mais útil, nesta área, o emprego de modelos matemáticos. Todavia, na etapa de desenvolvimento científico e tecnológico em que se encontram na atualidade a maior parte dos países subdesenvolvidos, dificilmente se pode chegar a este nível.

Em outro trabalho[14] exploramos mais detalhadamente as implicações metodológicas do limite conceitual sugerido, proporcionando alguns exemplos de sua aplicação.

A principal utilidade do esquema apresentado deriva das idéias que é possível inspirar àqueles que têm sob sua responsabilidade as tarefas de planejamento científico e tecnológico. Considerando as características da situação latino-americana em ciência e tecnologia, o planejamento científico e tecnológico deveria incluir:

— Uma descrição da imagem desejada para o sistema científico e tecnológico no futuro, especificando as atividades a serem desenvolvidas, os esquemas institucionais, as áreas de concentração para pesquisa e desenvolvimento etc. Esta descrição poderia ser complementada por esboços gerais sobre a estratégia a seguir a fim de alcançar o ideal, com base em um diagnóstico prévio da situação existente e suas possibilidades de desenvolvimento (planejamento estilístico).

— Propostas de coordenação de políticas e planos em matéria de ciência e tecnologia com outras políticas do país (econômicas, educacionais, sociais etc.), indicando como deveria se modificar a estrutura de inter-relações a fim de resolver as contradições resultantes das políticas, estruturas e planos conflitantes (planejamento contextual).

— Uma especificação da estrutura institucional do sistema científico-tecnológico, dos critérios utilizados em sua definição e da estratégia que levaria a desenvolvê-la. Isto inclui a organização de entidades encarregadas do planejamento científico e tecnológico (planejamento institucional).

— Propostas sobre áreas de concentração das atividades científicas e tecnológicas, particularmente as de pesquisa e desenvolvimento. Estas propostas devem incluir sugestões para corrigir a orientação daquelas atividades que parecem supérfluas em vista das necessidades de desenvolvimento do país (planejamento de atividades).

— Propostas sobre medidas de controle da importação de tecnologias destinadas a reduzir os custos, as restrições associadas a tal importação e a inadequação das tecnologias importadas às condições locais (planejamento de atividades).

— Definição de critérios e prioridades para a dotação de recursos humanos, financeiros e físicos do sistema científico

---

14. F. SAGASTI, *Towards a Methodology for Planning Science and Technology in Underdeveloped Countries*, Tese de Doutoramento, Universidade de Pensilvania, 1972.

e tecnológico. Devem ser considerados tanto aqueles dotados e administrados diretamente pela entidade de planejamento científico e tecnológico, quanto os que outras organizações governamentais e privadas controlam (planejamento de recursos).

# 4. DIRETRIZES PARA A POLÍTICA TECNÓLOGICA INDUSTRIAL*

## 1. Diferenças entre Política Científica e Política Tecnológica

Embora se possa falar em "política científica e tecnológica" em conjunto de maneira geral, quando se abordam aspectos de caráter operacional é preciso estabelecer uma distinção entre *política científica* e *política tecnológica*. Um dos erros

---

\* O presente capítulo baseia-se em um trabalho apresentado no "Foro Inter-americano sobre Desenvolvimento Tecnológico" realizado na Universidade do Texas, em Austin, em fevereiro de 1975, e em um artigo conjunto com M. Guerrero publicado em *Comercio Exterior*, fev. de 1975, sob o título "Lineamientos para Elaborar Políticas de Ciencia y Tecnología en Latinoamérica".

mais comuns na América Latina tem sido confundir estes dois campos, de tal modo que os conceitos, idéias e critérios que se referem à política científica foram estendidos para englobar a política tecnológica e vice-versa, mesmo quando ambas — na etapa atual de desenvolvimento na maioria dos países da América Latina — são de natureza distinta e requerem enfoques diferentes. O Quadro 3 mostra como diferem no que se refere a objetivos, atividades envolvidas, apropriação dos resultados obtidos, critérios de referência para a avaliação e execução de atividades, possibilidades de planificar as atividades e horizonte temporal dominante.

Esta diferenciação é necessária à maioria dos países da América Latina que contam com um mínimo de infra-estrutura em ciência e tecnologia. Para os países desenvolvidos, particularmente nas indústrias de ponta, ciência e tecnologia encontram-se praticamente integradas e requerem uma política que abarque ambas. No outro extremo, nos países onde a infra-estrutura não está desenvolvida a ponto de permitir uma diferenciação elementar entre as atividades técnicas (engenharia), científicas (pesquisa), e de ensino superior (universidades), a diferenciação proposta provavelmente não poderia ser aplicada.

No caso da *política científica* trata-se de atividades relacionadas principalmente com a pesquisa científica, as quais produzem conhecimentos básicos e potencialmente utilizáveis que não podem ser incorporados diretamente às atividades produtivas[1]. Há poucas possibilidades de apropriar imediatamente, com fins econômicos, os resultados da pesquisa científica, e a prioridade é assegurada através da publicação e ampla difusão dos resultados. Os critérios de avaliação para as atividades a serem realizadas (projetos de pesquisa) derivam-se principalmente da dinâmica interna da atividade científica e têm pouco a ver com as necessidades concretas do sistema econômico (reconhecendo, todavia que é possível derivar de uma necessidade sócio-econômica específica as tarefas de pesquisa básica que fundamentariam o desenvolvimento de tecnologias destinadas a satisfazê-las).

As atividades envolvidas no conceito de *política tecnológica* têm como objetivo principal a geração e aquisição de

---

1. Sobre os vários tipos de conhecimentos ver o trabalho de F. SAGASTI, *A System's Approach to Science and Technology Policy – Making and Planning*, Departamento de Assuntos Científicos, OEA, Washington, 1972, e o trabalho de F. MACHLUP, *The Production and Distribution of Knowledge in the United States*, Princeton, Princeton University Press, 1962.

tecnologia a ser utilizada em processos produtivos e sociais, assim como o desenvolvimento de uma capacidade de decisão autônoma em matéria de tecnologia. Aqui se inclui o desenvolvimento experimental, a adaptação de tecnologias, a "engenharia alternativa" (desmembramento tecnológico de bens de capital), a transferência de tecnologia, a pesquisa de produção e outras atividades que produzem e aumentam o conhecimento disponível para ser incorporado diretamente a atividades produtivas. A apropriação de resultados para fins econômicos é uma característica destas atividades e existem vários mecanismos (tais como o sistema de patentes) a fim de tornar possível tal apropriação. Ademais o uso econômico destes conhecimentos está garantido através do segredo tecnológico, pois grande parte deste conhecimento está guardada com os técnicos e profissionais e está sujeito a vários graus de apropriação monopolística por quem o desenvolve.

Há também diferenças que se originam dos tipos de instituições que lidam com a política tecnológica. Observa-se uma ênfase acentuada em instituições educacionais no primeiro caso e uma predominância de órgãos ministeriais no segundo. Por outro lado, as necessidades de recursos humanos (em termos de quantidade e tipo de treinamento) e os tipos de informação que são utilizados, fazem com que seja necessário distinguir as políticas científica e tecnológica, particularmente quando se passa do nível conceitual ao nível operacional.

Todavia, na medida em que um país avance no desenvolvimento de sua ciência e tecnologia e na integração orgânica de ambas ao sistema produtivo, a necessidade de distinguir entre política científica e política tecnológica tenderia a desparecer.

## 2. Linhas de Ação para a Política Tecnológica Industrial

Quatro grandes linhas de ação podem ser identificadas para a formulação e colocação em prática de uma política tecnológica: fomento da demanda de tecnologia local, aumento da capacidade de absorção de tecnologia, regulamentação do processo de importação de tecnologia e produção de tecnologia.

É preciso atuar nestes quatro campos de forma simultânea, inter-relacionando as etapas compreendidas em cada um e buscando complementá-las. O Quadro 4 resume as características principais de cada uma das linhas de ação.

Dado que um dos principais problemas para o desenvolvimento de uma capacidade científica e tecnológica pró-

Quadro 3. Diferenças Entre a Política Científica e a Política Tecnológica a Nível Nacional

| | Política Científica | Política Tecnológica |
|---|---|---|
| 1. OBJETIVOS | a. Gerar conhecimento científico (básico e potencialmente utilizável) que poderá ser eventualmente empregado com fins sociais e econômicos, e que permitirá uma compreensão e um prosseguimento da evolução da ciência.<br><br>b. Desenvolver uma base de atividades científicas e recursos humanos relacionada com o acervo mundial de conhecimentos. | a. Adquirir a tecnologia e a capacidade técnica para a produção de bens e o provimento de serviços.<br><br>b. Desenvolver a capacidade nacional para a tomada de decisões autônomas em assuntos de tecnologia. |
| 2. PRINCIPAL TIPO DE ATIVIDADES ENVOLVIDAS | Pesquisa básica e aplicada que crie conhecimentos básicos bem como conhecimentos potencialmente utilizáveis. | Desenvolvimento, adaptação, engenharia alternativa, transferência de tecnologia, engenharia de projetos, que gerem conhecimentos prontos para serem utilizados. |

| | | |
|---|---|---|
| 3. APROPRIAÇÃO DOS RESULTADOS DAS ATIVIDADES ENVOLVIDAS | Os resultados (na forma de conhecimento básico e potencialmente utilizável) são apropriados através de ampla difusão. A publicação é a maneira de assegurar a propriedade. | Os resultados (na forma de conhecimentos prontos para serem utilizados) permanecem principalmente em mãos dos que os geraram. As patentes, o *know-how* confidencial e os conhecimentos detidos por profissionais asseguram a apropriação dos resultados. |
| 4. CRITÉRIO DE REFERÊNCIA PARA A REALIZAÇÃO DE ATIVIDADES | Principalmente no interior da comunidade científica. A avaliação de atividades baseia-se principalmente nos méritos científicos e, em alguns casos, em suas possíveis aplicações. | Principalmente fora da comunidade técnica e de engenharia. A avaliação de atividades apóia-se principalmente em sua contribuição aos objetivos sociais e econômicos. |
| 5. ALCANCE DAS ATIVIDADES | Universal; as atividades e resultados têm validade geral. | Localizado (firma, sucursal, setor ou nível nacional). As atividades e resultados têm validade em um contexto específico. |
| 6. POSSIBILIDADES DE PLANEJAMENTO | Só se podem programar áreas e diretrizes amplas. Os resultados dependem da capacidade dos pesquisadores (equipes e indivíduos) em gerar novas idéias. Há uma grande incerteza associada. | As atividades e seqüências podem ser programadas mais rigorosamente. No geral, requer-se muito pouco conhecimento novo e o que está envolvido é o uso sistemático de conhecimentos existentes. Há menor incerteza associada. |
| 7. HORIZONTE DE TEMPO DOMINANTE | Médio e longo prazo. | Curto e médio prazo. |

Quadro 4. Áreas de Ação da Política Tecnológica Industrial, Objetivos, Instrumentos e Atividades de Apoio

| Áreas de Ação | Objetivos | Principais Instrumentos de Política | Sistema de Informação | Programa de Treinamento e Capacitação |
|---|---|---|---|---|
| A. Fomento da demanda de tecnologia de origem local | Aumentar a demanda de tecnologia produzida no local (a nível nacional, sub-regional e regional) canalizando para fontes próprias a demanda previamente orientada para o exterior e aumentando a demanda de atividades científicas e tecnológicas vinculadas às necessidades sócio-econômicas. | Dispositivos para motivar as empresas a utilizarem fontes locais de tecnologia (incentivos, normas legais etc.). Uso da capacidade financeira de organismos de fomento para influir nas empresas a fim de utilizar tecnologia local. | Organização de sistemas de informação que permitam orientar a demanda da tecnologia rumo a fontes locais (identificação de oportunidades tecnológicas, conhecimento de opções tecnológicas de origem local etc.). | Capacitação de profissionais em organismos governamentais, entidades estatais e empresas para identificar e avaliar a possibilidade de utilizar tecnologia de origem local. |
| B. Aumento da capacidade de absorção de tecnologia | Desenvolver nas empresas a capacidade para absorver a tecnologia que se incorpora aos processos produtivos, dominando seus princípios e melhorando-os de modo contínuo (tanto no caso da tecnologia importada quanto no da local). | Estabelecimento de fundos de capital de risco para o uso de tecnologias de origem local. Uso do poder de compra estatal a fim de promover a utilização de tecnologia local. Desmembramento da tecnologia que será incorporada aos processos produtivos da empresa. Disposições para assegurar que as empresas realizem atividades científicas e tecnológicas (incentivos, normas legais, financiamentos etc.). Prestar apoio e informação sobre tecnologia aos usuários das empresas. | Organização de sistemas de informação técnica e extensão industrial para as empresas, incluindo conhecimentos tecnológicos disponíveis a nível nacional em empresas de consultoria, e vinculando-as a sistemas de informação a nível nacional. | Capacitação de profissionais nas empresas a fim de realizar atividades científicas e tecnológicas e preparação de técnicos para assessorar as empresas. |

|  | | | | |
|---|---|---|---|---|
| | cesso de importação de tecnologia, relacionando-a com a produção de tecnologia local, aumentando a capacidade de negociação e diminuindo os efeitos prejudiciais da tecnologia importada. | Desmembramento da tecnologia importada (romper o "pacote" tecnológico). Análise e avaliação da tecnologia importada, particularmente a vinculada aos grandes projetos de investimento. Intervenção estatal no processo de compra de tecnologia através de contratos de licença e outras formas. Regulação da cooperação científica e técnica internacional. | tecnológicas existentes para determinados setores, sobre tecnologias em uso a nível nacional e regional, sobre condições na importação de tecnologia e investimentos estrangeiros, sobre a capacidade local de engenharia e projeto que possa substituir serviços importados. | bramento de tecnologia, na avaliação e procura de outras opções tecnológicas e na identificação de oportunidades para produzir tecnologia local que substitua a importada. |
| D. Produção de Tecnologia | Desenvolvimento de uma capacidade própria para produzir conhecimentos tecnológicos em áreas prioritárias, relacionado com os objetivos do desenvolvimento (incluindo a adaptação e modificação da tecnologia importada). | Organização de projetos de pesquisa e desenvolvimento orientados para necessidades do desenvolvimento sócio-econômico. Apoio ao desenvolvimento de uma infra-estrutura científica e tecnológica (institutos de pesquisa tecnológica). Estabelecimento de incentivos à produção de tecnologia. Estabelecimento de fontes de financiamento à pesquisa orientada para o desenvolvimento. Definição de prioridades para a produção de tecnologia e organização de um sistema de planejamento científico e tecnológico. Geração de práticas contratuais para realização de atividades científicas e tecnológicas. | Organização de sistemas de informação sobre projetos em andamento, de sistemas de documentação científica e tecnológica, de informação sobre pessoal, equipamento e recursos destinados à geração de tecnologia etc. | Preparação de cientistas e profissionais para a geração e produção de tecnologia, dando-lhe preferência sobre a preparação pessoal para a atividade de pesquisa tradicional que não busca resolver problemas concretos. |

pria é a falta de uma demanda de tecnologia de origem local, a primeira linha de ação tem como objetivo *aumentar a demanda de tecnologia local* no âmbito nacional, sub-regional ou regional, canalizando para fontes próprias a demanda previamente orientada para o exterior e aumentando a demanda de atividades científicas e tecnológicas vinculadas às necessidades sócio-econômicas.

Entre os instrumentos que podem ser utilizados com este fim, merecem especial atenção o poder de compra estatal e os sistemas de financiamento. O Estado, através de órgãos governamentais, empresas estatais, ministério etc., é um dos principais compradores de bens e serviços nos países da América Latina. Esta capacidade de compra pode ser orientada para o desenvolvimento de uma capacidade científica e tecnológica mediante a aquisição direta de serviços de pesquisa e desenvolvimento a fim de produzir novas tecnologias, a compra de serviços de engenharia e consultoria para a execução de projetos, e através de preferências outorgadas na compra de bens — particularmente bens de capital — que incorporem tecnologia de origem local. Desta forma pode-se criar uma demanda efetiva que permitiria aos organismos envolvidos na produção de tecnologia superar a massa crítica mínima necessária para o exercício eficiente de suas funções. Além disso, o uso do poder de compra estatal poderia ser racionalizado a nível sub-regional ou regional por meio de acordos intergovernamentais bilaterais ou multilaterais.

Outro instrumento de suma importância refere-se ao uso do poder financeiro das entidades de fomento e crédito industrial, mineiro, agropecuário etc., tanto no âmbito nacional quanto no sub-regional e regional. De fato, o financiamento de projetos de investimento nas áreas mencionadas é talvez o mecanismo mais eficaz para introduzir a perspectiva do desenvolvimento tecnológico gerando uma demanda de conhecimentos de origem local. O uso deste instrumento requer, em primeiro lugar, a incorporação explícita de critérios referentes ao desenvolvimento científico e tecnológico na avaliação de pedidos de financiamento, bem como a extensão e colocação em prática de tais critérios no momento de executar os projetos. Além de incluir critérios de ordem tecnológica na avaliação de projetos, a intervenção dos organismos de financiamento pode encaminhar-se do provimento de capital de risco para o desenvolvimento e estabelecimento de novas tecnologias de origem local; o outorgamento de créditos em condições preferenciais aos usuários de tecnologia local, incluindo os serviços de engenharia de projetos e consultoria; e o financiamento de unidades de pesquisa nas empresas, de institutos de pesquisa tecnológica, de programas de pesquisa específicos em entidades existentes e outras medidas de apoio financeiro direto à infra-estrutura científica e tecnológica.

É possível complementar o uso destes instrumentos com mecanismos de ordem legal e administrativa, com incentivos e outras disposições similares de tal modo que se produza um aumento substancial na demanda de tecnologia local, condição essencial para se obter um desenvolvimento científico e tecnológico autônomo.

A segunda linha de ação tem como objetivo *aumentar a capacidade de absorção de tecnologia nas empresas,* dado que, em última instância, a expressão de um avanço tecnológico é constituída pela produção de bens e serviços existentes de maneira mais eficiente, ou pela produção de novos bens e serviços. O objetivo é dotar as empresas de uma capacidade necessária para entender melhor os princípios da tecnologia que utilizam, dominar seu manejo de maneira completa e introduzir melhorias que a adequem às suas condições específicas de operação.

Assim que as empresas absorvam a tecnologia de forma efetiva, gerar-se-ia uma pressão sobre os fornecedores de tecnologia, tanto local quanto importada, que os forçaria a elevar continuamente seu nível técnico e a qualidade dos serviços que prestam. Ademais, que uma empresa absorva e domine a tecnologia que importa, implica que haveria um processo de aprendizagem e que não se voltaria a importar de modo idêntico uma vez que a expansão de suas atividades assim o exija. Portanto, a empresa estará em condições de diminuir o custo da tecnologia, de escolher melhor as fontes e de buscar fornecedores locais para determinados componentes tecnológicos.

Os principais instrumentos de política nesta linha de ação são o desmembramento do "pacote" tecnológico; as disposições legais e administrativas que asseguram que as empresas realizem atividades científicas e tecnológicas; o apoio de informação, assistência técnica e extensão que se possa dar às empresas para melhorar seu nível técnico, bem como o desenvolvimento de uma capacidade de consultoria e engenharia de projetos a fim de absorver a tecnologia a nível nacional nos casos em que não seja possível ou conveniente fazê-lo nas empresas produtoras.

O desmembramento do pacote tecnológico, que encontra sua expressão típica através da importação de planos tipo "chave na mão"*, é fundamental para o desenvolvimento

---

\* Tradução do termo inglês *turn-key,* designando a entrega de planos prontos para serem executados.

da capacidade de absorção de tecnologia, posto que leva a uma melhor identificação dos componentes do conhecimento técnico e de seu grau de complexidade, permitindo que a empresa domine a tecnologia que importa. O desmembramento do pacote processa-se geralmente em duas fases: uma primeira fase de desmembramento do projeto de investimento em cada um de seus módulos ou componentes (edifícios, instalações, licenças, assistência técnica, maquinaria e equipamento etc.), e uma segunda fase de desmembramento tecnológico propriamente dita, onde são examinados todos os componentes do pacote um a um, desde o ponto de vista técnico e de engenharia, distinguindo os aspectos "medulares" dos "periféricos". O componente medular da tecnologia é aquele inerente e específico ao projeto em estudo, que o distingue de outros processos ou produtos similares e pode tomar a forma de equipamentos (reator especial), materiais (catalisador), procedimentos (manuais de operação), projetos (especificação de um circuito) etc. O componente periférico, em geral, é comum a diferentes processos ou produtos (instalações elétricas, sistemas de fluxo de líquidos etc.) e se encontra disponível de forma relativamente mais livre que o componente medular. É importante notar que as definições de tecnologia medular e periférica têm sido somente em função de um projeto específico e que o que é medular em um projeto pode converter-se em periférico em outro[2].

Os dispositivos legais e administrativos para promover a realização de atividades científicas e tecnológicas nas empresas constituem um segundo instrumento para aumentar a capacidade de absorção de tecnologia. Efetivamente, só havendo capacidade técnica adequada será possível assegurar que a empresa possa absorver a tecnologia que incorpora às suas atividades produtivas. No caso em que, por razões de massa crítica mínima, não seja possível realizar atividades científicas e tecnológicas dentro da empresa, deve-se desenvolver a capacidade de firmar contratos com entidades especializadas (universidades, centros de pesquisa, empresas de consultorias etc.) para a realização de tais atividades. Isto implica que as

2. Sobre o tema do desmembramento ver CHARLES COOPER e F. SERCOVICH, *The Channels and Mechanisms for the Transfer of Technology from Developed to Developing Countries*, Genebra, UNCTAD, 1971; e *Desagregación del Paquete Tecnológico*, Lima, Grupo de Tecnologia, Junta do Acordo de Cartagena, 1974. Os limites que a possibilidade de desmembrar o pacote tecnológico encontra são apresentados no trabalho de C. COOPER e P. MAXWELL, *Machinery Suppliers and the Transfer of Technology to Latin America*, Science Policy Research Unit, Universidade de Sussex, 1975.

empresas deveriam estar em condições de definir termos de referência, de seguir o avanço do projeto e de avaliar seus resultados. No caso de empresas estatais é possível intervir diretamente a fim de elevar a capacidade de absorção de tecnologia. Para as empresas não vinculadas ao Estado é possível estabelecer determinados dispositivos como os assinalados na Lei Geral das Indústrias do Peru[3], que obriguem a dedicar certa porcentagem dos lucros brutos das empresas em pesquisa tecnológica.

O desenvolvimento de uma capacidade de engenharia de projetos e consultoria é talvez o instrumento de política adequado para fixar, a nível nacional, sub-regional ou regional, aqueles conhecimentos tecnológicos que por sua natureza não são suscetíveis de serem absorvidos diretamente pelas empresas, ou cuja absorção seria muito onerosa. Por exemplo, alguns conhecimentos especializados de engenharia elétrica, química, e civil têm características que tornam mais conveniente apoiar o desenvolvimento de empresas especializadas que prestem serviços às entidades produtoras. O mesmo aplica-se aos estudos de factibilidade, de mercado etc., que requerem certa especialização funcional que seria muito custoso desenvolver em cada empresa.

Por último, a organização de serviços de informação e extensão técnica é outro mecanismo que permitiria aumentar a capacidade de absorção de tecnologia, elevando o nível do pessoal das empresas e pondo a seu alcance os últimos avanços em seu campo de interesse específico.

A terceira linha de ação destina-se a *regular o processo de importação de tecnologia* e tem por objetivo assegurar os máximos benefícios possíveis da tecnologia importada, relacionando-a à produção de tecnologia local, aumentando a capacidade de negociação dos compradores e diminuindo os efeitos prejudiciais do processo de importação. Os principais instrumentos que devem ser utilizados neste campo são: organização para a busca internacional de tecnologia, desmembramento do pacote tecnológico, análise e avaliação da tecnologia importada, intervenção estatal no processo de compra de tecnologia e regulamentação da cooperação científica e técnica internacional.

A organização para a procura internacional de tecnologia tem por objeto aumentar a informação disponível sobre determinado processo ou produto de interesse particular para

---

3. Ver *Lineamientos de Política para el Instituto de Investigaciones Tecnológicas Industriales* (ITINTEC), Lima, Peru, 1974; e a *Ley General de Industrias*, D. L. 18.350, 1970.

uma empresa ou grupo de empresas a nível nacional, sub-regional e mesmo regional. Através da organização para a procura supera-se a tradicional postura passiva de esperar que os fornecedores de tecnologia apresentem propostas e informação técnicas aos compradores. Passar-se-ia a uma posição onde o comprador está inteirado dos últimos desenvolvimentos mundiais no campo de sua especialidade, bem como dos processos e produtos que se encontram na etapa de experimentação. Deste modo poder-se-ia ampliar o alcance das opções tecnológicas entre as quais escolher e assegurar-se-ia que a escolha fosse feita levando em conta a evolução possível da tecnologia no futuro.

Um segundo instrumento para regulamentar o processo de importação de tecnologia é o desmembramento do pacote tecnológico referido acima. O principal efeito do uso deste instrumento sobre a importação de tecnologia seria aumentar a capacidade de negociação dos compradores com base num maior domínio da tecnologia importada e numa análise detalhada de seus componentes. A análise e avaliação da tecnologia importada, particularmente a vinculada aos grandes projetos de investimento, seria um terceiro instrumento para esta linha de ação. A avaliação obrigaria a estudar em maior profundidade o conjunto de possibilidades tecnológicas, a definir claramente os critérios com base nos quais se efetua a seleção e a escolher uma tecnologia particular em função não só de seu efeito sobre a rentabilidade do projeto, mas também sobre o desenvolvimento de uma capacidade científica e tecnológica autônoma. A avaliação deveria ser realizada tanto por uma entidade governamental quanto pela empresa administradora do projeto de investimento.

A intervenção do Estado na regulamentação da compra de tecnologia através de contratos de licença e a importação de maquinaria e equipamento é outro dos instrumentos idôneos nesta linha de ação. Trata-se de evitar a proliferação de cláusulas restritivas nos contratos de licença, de reduzir os pagamentos de *royalties,* de impedir que se condicione de forma excessiva a transferência de tecnologia e, em geral, de reforçar o poder de compra dos usuários de tecnologia importada frente aos fornecedores, por meio de uma "Comissão de Licenciamentos" ou outra instituição similar. No caso de importação de bens de capital trata-se de examinar de forma crítica os pedidos com o objetivo de identificar os equipamentos, maquinaria ou componentes que poderiam ser produzidos localmente. Em grande parte o desenvolvimento de uma capacidade de tecnologia autônoma depende da possibilidade de produzir bens de capital, posto que eles incorporam uma maior quantidade de conhecimentos técnicos e exigem técnicas de produção avançadas, o que por sua vez gera uma demanda de atividades científicas e tecnológicas, particularmente aquelas vinculadas à engenharia de projetos.

Por último, a regulamentação da cooperação técnica e científica internacional é outro instrumento que deve ser empregado nesta linha de ação. De fato, através da assistência técnica que os órgãos internacionais proporcionam, particularmente as entidades financeiras e os países industrializados, através de convênios bilaterais, define-se freqüentemente o conteúdo técnico de um projeto. A regulamentação da cooperação científica e técnica internacional permitiria englobar uma das principais formas de transferência de conhecimentos tecnológicos, sobretudo nas etapas iniciais da formulação de um projeto de investimento, que é quando se decidem muitos dos parâmetros que afetarão a tecnologia a ser empregada. Com base na ajuda proporcionada por peritos de determinado país poderiam ser definidas especificações técnicas para um projeto, de sorte que seria drasticamente reduzida a gama de fornecedores de tecnologia que devem ser levados em conta.

Em quarto lugar temos as ações detinadas à *elevação da capacidade de produção de tecnologia em áreas prioritárias.* Esta produção de conhecimentos deve estar estreitamente vinculada aos planos de desenvolvimento, às necessidades da maioria da população e ser capaz de responder às demandas que a produção de bens e serviços gere.

Os principais instrumentos a serem utilizados nesta linha de ação são: organização de projetos de pesquisa e desenvolvimento traçados frente às necessidades sócio-econômicas; apoio à infra-estrutura institucional; estabelecimento de fontes de financiamento e incentivos à pesquisa tecnológica; generalização das práticas contratuais e colocação em andamento de um sistema de planejamento das atividades científicas e tecnológicas.

A organização de projetos específicos ligados aos problemas do sistema produtivo e às necessidades da população orientariam a pesquisa tecnológica para fins de interesse social, evitando o isolamento tradicional da comunidade científica. O projeto de pesquisa, com objetivos definidos e com uma estimativa de seu possível efeito sobre a área-problema considerada, seria a unidade básica para organizar atividades de produção de tecnologias[4]. No mesmo sentido operariam a vul-

---

4. Sobre este tema ver: J. SÁBATO, *Empresas y Fábricas de Tecnología,* Washington D. C., Departamento de Assuntos Científicos, OEA, 1972; e *Manual para Presentación de Proyectos de Investigación Tecnológica,* Dirección de Tecnología, ITINTEC, 1974.

garização de práticas contratuais a fim de canalizar o apoio estatal à pesquisa e ao estabelecimento de novas fontes de financiamento. Em todos estes casos o instrumento levaria a uma racionalização das atividades científicas e tecnológicas relacionadas à produção de tecnologia local, proporcionando um ponto de referência e uma estrutura que assegurem sua congruência com os objetivos de desenvolvimento sócio-econômico, das necessidades da população e das exigências do sistema produtivo.

Outro instrumento idôneo nesta linha de ação é o apoio ao desenvolvimento e consolidação de uma infra-estrutura de instituições para a pesquisa tecnológica, através de programas de apoio às organizações existentes (equipamento, capital de trabalho, preparação de pessoal etc.), ou a criação de novas instituições. Por outro lado tem-se a concessão de incentivos (creditícios, tributários, administrativos etc.) às entidades que realizem atividades científicas e tecnológicas de interesse para o país. Por último, a fim de racionalizar a produção da tecnologia local é imprescindível estruturar um sistema de planejamento da pesquisa tecnológica, cuja tarefa seja definir prioridades, conceder recursos e dividir o trabalho entre as instituições produtoras de conhecimentos: universidades, centros de pesquisa setoriais, empresas, entidades estatais etc.

Cabe assinalar que dentro do conceito de "produção de tecnologia local" inclui-se a adaptação e modificação de tecnologia importada, seja para seu uso no âmbito nacional, seja para reexportação. De modo geral pode-se dizer que produzir tecnologia num país subdesenvolvido é aplicar o rigor do método científico na busca de soluções imaginativas aos problemas que requerem uma solução técnica.

O Quadro 4 indica de forma resumida as principais atividades de apoio que é preciso realizar no campo da informação e do treinamento, vinculando-as a cada uma das linhas de ação propostas. O conjunto de atividades de informação constitui por sua vez um novo campo de ação para a formulação e colocação em prática de uma política para o desenvolvimento da ciência e tecnologia. O mesmo aplica-se aos programas de treinamento e capacitação.

Apesar de neste capítulo, termos associado cada instrumento de política com uma linha de ação, é preciso observar que não há uma correspondência biunívoca entre linhas de ação e instrumentos e que um instrumento pode ajudar na obtenção dos objetivos de várias linhas de ação. Por exemplo, o desmembramento tecnológico permite aumentar a capacidade de negociação dos compradores de tecnologia na regulamentação do processo de importação; permite identificar aqueles componentes da tecnologia importada que poderiam ser fabricados no próprio país, gerando desta maneira uma demanda de atividades científicas e tecnológicas, permitindo aos usuários conhecer mais profundamente as características da tecnologia importada, cooperando para sua melhor absorção. De modo análogo, o estabelecimento de fontes de financiamento para projetos de pesquisa orientados para objetivos sócio-econômicos é um instrumento que atua sobre o fomento da demanda de tecnologia local e sobre a produção de tecnologia.

Os exemplos de uso múltiplo dos instrumentos de política podem estender-se, apesar de que é possível delinear uma linha de ação principal à qual se encontre ligado determinado instrumento. O problema dos instrumentos de política científica e tecnológica em países subdesenvolvidos e na América Latina em particular, é muito complexo e requer todavia maior análise e estudo[5].

---

5. Durante 1973-1976 foi levado a cabo um projeto de pesquisa sobre instrumentos de política científica e tecnológica em países do Terceiro Mundo (Projeto SPTI). Colaboraram dez países da Ásia, África, América Latina e do Mediterrâneo. A coordenação geral deste projeto esteve a cargo do autor e os resultados foram publicados pelo Centro Internacional de Pesquisas para o Desenvolvimento do Canadá em uma série de monografias durante 1977-1978.

## 5. BASES PARA UMA ESTRATÉGIA DE DESENVOLVIMENTO CIENTÍFICO E TECNOLÓGICO

### 1. Elementos da Estratégia

Levando em conta a situação atual da maioria dos países latino-americanos no que se refere à ciência e tecnologia e às pautas que foram sugeridas para orientar seu desenvolvimento é possível propor bases para o delineamento de uma estratégia.

Estas bases devem ser examinadas à luz do contexto específico de cada país e vinculadas à visão a longo prazo que se tem para o desenvolvimento da ciência e tecnologia. Todavia, podem ser consideradas como o mínimo denominador comum das diferentes estratégias possíveis e como um conjunto de

Figura 2 — Etapas da Estratégia de Desenvolvimento Científico e Tecnológico.

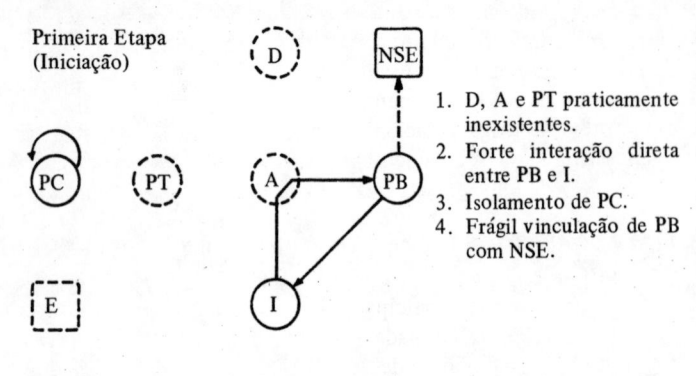

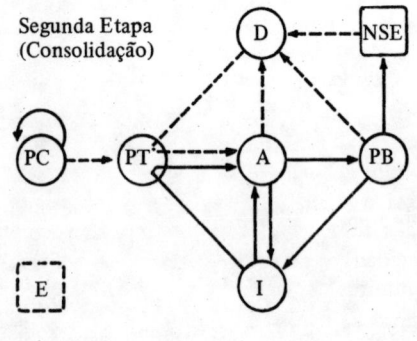

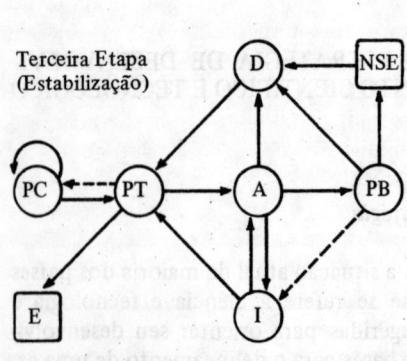

**Primeira Etapa (Iniciação)**

1. D, A e PT praticamente inexistentes.
2. Forte interação direta entre PB e I.
3. Isolamento de PC.
4. Frágil vinculação de PB com NSE.

**Segunda Etapa (Consolidação)**

1. Desenvolvimento incipiente de D, A e PT.
2. Canalização inicial de I para PB através de A e de PT.
3. Diminuição da interação direta de PB com I.
4. D condicionada por A, PB e NSE de forma preliminar.
5. Vinculação inicial de PC com PT.
6. Maior vinculação entre PB e NSE.

**Terceira Etapa (Estabilização)**

1. Desenvolvimento total de D, A e PT.
2. Canalização predominante de I para PB através de PT e A.
3. Frágil interação direta de I com PB.
4. D condicionada por A, PB e NSE de modo contínuo.
5. PT estreitamente vinculada a D e I.
6. Forte orientação de PC para PT.
7. Início de E com base em PT.
8. Vinculação total de PB com NSE.

PC: Pesquisa científica
PT: Produção de tecnologia
D: Demanda de tecnologia local
I: Importação de tecnologia
E: Exportação de tecnologia
A: Absorção de tecnologia
PB: Produção de bens e serviços
NSE: Necessidades sócio-econômicas

⎯⎯ Interação ou forte influência
—— Interação ou influência mediana
--- Interação ou influência frágil

condições essenciais que devem ser satisfeitas para iniciar um processo viável de desenvolvimento científico e tecnológico.

Um primeiro elemento da estratégia consiste na interconexão progressiva da importação de tecnologia com a produção de tecnologia local. Assim poderão ser substituídos paulatinamente alguns componentes da tecnologia que se importa por outros de origem nacional. Neste sentido os instrumentos mencionados na regulamentação do processo de importação de tecnologia devem ser orientados visando criar interconexões com o sistema científico e tecnológico nacional, de tal modo que este último sirva de filtro para a tecnologia importada.

A progressiva participação nacional na importação de tecnologia deve ser apoiada por certas medidas de proteção à "indústria incipiente de serviços tecnológicos". Trata-se de utilizar o argumento geral em favor do protecionismo a fim de fomentar o desenvolvimento de uma capacidade tecnológica própria quando esta se encontra em sua etapa inicial. Cabe notar que não se trata de pôr em marcha uma política de substituição de importações de tecnologia, que possivelmente levaria ao mesmo tipo de dificuldades provenientes da política de industrialização por substituição de importações. Uma vez que se canaliza a demanda previamente orientada para o exterior, dirigida a fontes locais de tecnologia, deverá desenvolver-se uma capacidade científica e tecnológica própria que se encontre nas fronteiras do conhecimento mundial nos campos de interesse específico para o país e que permita mostrar tecnologia.

Um segundo elemento da estratégia consiste em utilizar ao máximo a capacidade existente para realizar atividades científicas e tecnológicas. Grande parte de tal capacidade na América Latina é desperdiçada em projetos e tarefas sem relevância para os fins e objetivos nacionais. Trata-se de buscar possíveis aplicações dos resultados da pesquisa realizada nas entidades educacionais e centros de pesquisa. Isto não supõe que toda a capacidade de pesquisa científica e tecnológica existente deva voltar-se exclusivamente para estes fins, posto que é preciso contar com uma base de pesquisa fundamental que deve permanecer como tal, sem sujeitar-se necessariamente às exigências sócio-econômicas ou às necessidades do sistema produtivo. A estratégia deve considerar, além disso, o aumento da capacidade de pesquisa de modo seletivo, identificando campos e áreas nos quais há necessidade de produzir conhecimentos a nível local.

Um terceiro elemento da estratégia postula o desenvolvimento seletivo e concentrado da capacidade de absorção de tecnologia em certo número de empresas do sistema produtivo, particularmente as pertencentes aos setores prioritários. O desenvolvimento desta capacidade de absorção deve ligar-se estreitamente à intervenção na regulação da importação de tecnologia e à produção de tecnologia local. Por sua vez, o desenvolvimento de uma capacidade de absorção tecnológica nas empresas e nas firmas de consultoria deverá orientar a demanda de tecnologia local e a identificação de necessidades de importação de tecnologia.

Um quarto elemento da estratégia de desenvolvimento científico e tecnológico consiste em promover a demanda de tecnologia local que se origine das necessidades de desenvolvimento sócio-econômico, das exigências do sistema produtivo e das atividades de absorção de tecnologia. Por sua vez, o aumento da demanda de tecnologia local deverá constituir o principal condicionante da produção de tecnologia.

Outros elementos da estratégia incluem a formação de quadros técnicos profissionais para a realização de atividades científicas e tecnológicas; o desenvolvimento de uma infra-estrutura institucional para a política científica e tecnológica; a divisão de trabalho entre as diferentes entidades do governo que intervêm na formulação e colocação em prática de uma política de ciência e tecnologia; o desenvolvimento de sistemas de informação sobre todos e cada um dos aspectos vinculados à política tecnológica (em especial os referentes às quatro linhas de ação mencionadas no capítulo anterior), e, por último, a integração de atividades científicas e tecnológicas a nível sub-regional, dado que a ação nacional para a maioria dos países latino-americanos tem uma série de limitações de ordem qualitativa e quantitativa.

Os diagramas da Figura 2 apresentam uma progressão temporal da execução da estratégia. Trata-se de um esquema tentativo que parte de um diagnóstico geral da situação atual na maioria dos países latino-americanos. Os diagramas mostram mudanças nos padrões de interação entre a produção, a absorção, a importação e a demanda de tecnologia, ligando-as à produção de bens e serviços, às necessidades nacionais, à pesquisa científica pura e à exportação de tecnologia.

O primeiro diagrama mostra a situação atual na qual a produção, a absorção e a demanda de tecnologia são praticamente inexistentes. Há uma forte relação entre a importação de tecnologia e a produção de bens e serviços. A maioria dos conhecimentos incorporados ao sistema produtivo são importados e as exigências de tecnologia orientam-se diretamente para o exterior. Há uma união entre a produção de bens e serviços e as necessidades sócio-econômicas da maioria da população.

A pesquisa científica alcançou certo nível mas funciona de maneira isolada sem vincular-se à produção de tecnologia.

Na segunda etapa a demanda de tecnologia local, a produção de tecnologia e sua absorção obtiveram certo grau de desenvolvimento. A importação de tecnologia começa a ser canalizada através da absorção nas empresas para chegar à produção de bens e serviços, bem como a relacionar-se diretamente com a produção de tecnologia local antes de ser absorvida. As interligações diretas entre a produção de bens e serviços e a importação de tecnologia diminuem e esta importação começa a ser condicionada pela capacidade de absorção. A demanda de tecnologia local origina-se das necessidades sócio-econômicas, da produção de bens e serviços e das exigências que o desenvolvimento da capacidade de absorção estabelece. Esta demanda de tecnologia de origem local influi sobre as atividades de produção de tecnologia, promovendo a geração de conhecimentos tecnológicos que correspondam à situação prevalecente no país. A pesquisa científica começa a interligar-se com a produção de tecnologia, principalmente através da reorientação das atividades de pesquisa em função da demanda de conhecimentos tecnológicos.

Em uma terceira etapa desenvolveu-se plenamente a capacidade de absorção, as atividades de produção de tecnologia e a demanda de atividades científicas e tecnológicas locais. As interligações entre a importação e a produção de tecnologia fortaleceram-se e estruturam-se de forma permanente. Toda tecnologia incorporada à produção de bens e serviços, seja de origem local ou estrangeira, é canalizada através da absorção de tecnologia, que por sua vez estabelece exigências para a demanda de tecnologia local e a importação de tecnologia. A produção de bens e serviços encontra-se estreitamente vinculada às necessidades sócio-econômicas do país e, junto com tais necessidades e com a capacidade de absorção existente, condiciona fortemente a estrutura da demanda de tecnologia local. A demanda de tecnologia influi de forma direta e suficiente sobre a produção desta, e indiretamente sobre a pesquisa científica que se realize no país. Por último, a tecnologia produzida localmente começa a ser exportada nesta terceira etapa.

As três etapas da execução prática de uma estratégia de desenvolvimento científico e tecnológico estabelece em geral uma seqüência de atividades para serem realizadas em cada país. Estes diagramas poderiam particularizar-se a nível de setor ou ramo de produção e é claro que serão encontradas diferenças entre elas.

É possível traduzir a estratégia proposta em termos de objetivos a curto, médio e longo prazos, embora seja preciso reconhecer as dificuldades inerentes à generalização de tais objetivos no âmbito latino-americano. No entanto, tentativamente pode-se identificar a seguinte progressão de objetivos através do tempo:

Curto prazo (de 1 a 3 anos):

— Melhorar o processo de importação de tecnologia através da intervenção do Estado (desmembramento do pacote tecnológico; aumento da capacidade de negociação; estabelecimento de mecanismos de busca e avaliação de tecnologia).

— Colocar em andamento instrumentos e dispositivos específicos tentativos para estimular a produção de tecnologia local (uso de controles administrativos discricionários; utilização de incentivos creditícios e fiscais).

— Iniciar o processo de desenvolvimento de uma infra-estrutura institucional adequada aos objetivos da política científica e tecnológica (reorientação de instituições existentes; identificação de vazios institucionais; criação de novas organizações).

— Começar ações para desenvolver uma capacidade de absorção de tecnologia no setor produtivo (ações através de empresas estatais; projetos de desmembramento de tecnologia; incentivos à realização de atividades científicas e tecnológicas nas empresas).

— Incluir a variável tecnologia de modo explícito no planejamento do desenvolvimento sócio-econômico e identificar obstáculos para o desenvolvimento de uma capacidade científica e tecnológica autônoma.

— Dar início ao processo de colaboração a nível sub-regional e regional para a realização de atividades científicas e tecnológicas (programas conjuntos de pesquisa; colaboração em sistemas de informação).

— Organizar programas de capacitação de pessoal profissional e técnico para a execução da política científica e tecnológica (programas de treinamento através da participação em projetos de pesquisa; recuperação de pessoal que trabalha no estrangeiro; programas de capacitação para profissionais de empresas e do governo).

Médio prazo (de 2 a 6 anos):

— Promover o desenvolvimento de maior capacidade em matéria de ciência e tecnologia e melhor utilização da capacidade existente, orientando-as rumo às necessidades do setor produtivo e à satisfação das necessidades sociais (organização de projetos de pesquisa; estabelecimento de fundos para pesquisa, definição de áreas prioritárias).

— Fomentar a demanda de tecnologia local, principalmente através da ação estatal (utilizar o poder financeiro de entidades de crédito industrial, dar tratamento fiscal preferencial a investimentos em ciência e tecnologia, orientar investimentos para fontes locais de tecnologia; usar a influência de medidas alfandegárias; empregar a capacidade de compra estatal).

— Consolidar a capacidade de absorção de tecnologia do setor produtivo (empreender atividades científicas e tecnológicas nas empresas; apoiar o estabelecimento de unidades de pesquisa nestas; fomentar a associação de empresas num ramo para o estudo de problemas técnicos comuns; promover o desenvolvimento de firmas de consultoria e engenharia).

— Consolidar o desenvolvimento da infra-estrutura institucional, para a ciência e a tecnologia, reforçando as organizações que tenham demonstrado capacidade de ação e institucionalizando os instrumentos e dispositivos de política que hajam funcionado de modo eficaz durante o curto prazo.

— Institucionalizar as medidas introduzidas para regulamentar o processo de importação de tecnologia, convertendo-as num sistema permanente de filtro que assegure os máximos benefícios da tecnologia importada, sua conexão com a produção de tecnologia local e sua absorção a nível de empresa.

— Estabelecer um sistema permanente de planejamento da ciência e tecnologia, vinculando-o ao planejamento do desenvolvimento sócio-econômico.

— Programar o desenvolvimento completo de sistemas de informação a nível nacional.

— Consolidar a cooperação internacional no campo da ciência e tecnologia como uma das dimensões centrais da colocação em andamento da política científica e tecnológica.

Longo prazo (mais de 5 anos):

— Estabelecer um sistema auto-suficiente de produção de tecnologia nos campos prioritários em que seja possível e conveniente, fazendo com que a capacidade científica e tecnológica em tais campos esteja nas fronteiras do conhecimento mundial.

— Promover a exportação de tecnologia, de serviços relacionados a atividades científicas e tecnológicas e de bens que incorporem tecnologia de ponta (particularmente bens de capital).

— Influir na disponibilidade e na estrutura de recursos

humanos altamente qualificados para ciência e tecnologia, particularmente nas universidades.

— Ampliar o campo de ação da política científica e tecnológica para o da pesquisa fundamental e da educação, procurando vincular a produção de conhecimentos tecnológicos para o desenvolvimento sócio-econômico ao avanço das ciências básicas e com os programas educativos.

— Divulgar em toda a sociedade a importância da ciência e tecnologia no desenvolvimento, dando um mínimo de cultura científica e técnica a toda a população.

— Instaurar um processo de avaliação e revisão da política científica e tecnológica.

É importante observar que ao propormos linhas de ação, estabelecermos uma seqüência de objetivos e atividades e sugerirmos uma estratégia, não incidimos sobre os campos de atividade científica e tecnológica e os ramos produtivos aos quais se deve dar prioridade. Tampouco intentamos uma análise dos problemas sócio-econômicos dos países da região que possa relacionar a fim de estabelecer tais prioridades. Isto é muito difícil de fazer a nível regional e mesmo sub-regional, uma vez que se corre o perigo de propor generalidades ou de ser demasiado específico. Deve-se partir de uma definição adequada de prioridades nacionais e da formulação de políticas de ciência e tecnologia no âmbito antes de definir campos e ramos comuns a dois ou mais países[1].

## 2. A Política Científica e Tecnológica na Prática

A "arte" ou "ciência" de planejar políticas científicas e tecnológicas está relativamente avançada na América Latina. Há várias centenas de estudos que contêm recomendações sobre o que se deve fazer para melhorar a capacidade científica e tecnológica, incluindo nossas próprias sugestões[2]. To-

---

1. Sobre este tema e os problemas que a definição de prioridades regionais e sub-regionais sem uma base nacional sólida acarreta, ver por exemplo: Comitê assessor das Nações Unidas sobre a aplicação da ciência e tecnologia ao desenvolvimento, *Plan de Acción Regional para la Aplicación de la Ciencia y la Tecnología al Desarrollo de América Latina*, Fondo de Cultura Econômica, México, 1973; E. FELICES, *Planes de Desarrollo Socio-econômico y Prioridades para Ciencia y Tecnología en América Latina*, Washington, Departamento de Assuntos Científicos, OEA, 1971; e JUNTA DO ACORDO DE CARTAGENA, *Política Sub-regional de Desarrollo Tecnológico*, Lima, 1973.

2. Ver a extensa bibliografia preparada pelo Centro de Documentação (CENDOC) da Escola Superior de Administração de Empresas (ESAN) em Lima, Peru, sob o título *Tecnología para el Desarrollo*, 1975.

davia, quando se trata da execução prática de tais políticas, há escassez de trabalhos que descrevam experiências concretas. É como se os esforços em projetos de políticas fossem realizados de modo isolado de quem toma decisões sobre o desenvolvimento da ciência e tecnologia.

Este tem sido o caso, principalmente porque os instrumentos e mecanismos requeridos para a implementação das políticas estão em sua maioria ausentes: não têm sido levados em conta por quem formula políticas. Além do mais, para os casos onde os instrumentos de política científica e tecnológica foram projetados e ensaiados na prática, freqüentemente outros instrumentos mais poderosos ligados a outras políticas de desenvolvimento têm operado em sentido contrário aos objetivos do desenvolvimento científico e tecnológico.

O comportamento tecnológico nacional, ou o do setor industrial, é o resultado de um conjunto de decisões individuais sobre tecnologia tomadas por empresas, entidades governamentais, centros de pesquisa, firmas de consultoria etc. Como acontece em geral em matérias de certa complexidade, o comportamento tecnológico global é mais que a soma de suas partes. A capacidade técnica nacional é o resultado de interações entre vários tipos de decisões tecnológicas, tomadas por diferentes agentes em vários níveis, bem como de decisões que não tenham o propósito direto de afetar a capacidade tecnológica, mas que condicionam o desenvolvimento da ciência e tecnologia de modo direto.

O problema de ativar ou executar políticas em ciência e tecnologia consiste portanto em projetar e operar os instrumentos de política que orientam o comportamento tecnológico — a agregação sistemática de decisões tecnológicas — na direção desejada. Este é um processo que deve fechar a brecha entre a formulação de políticas a nível governamental (macro) e a tomada de decisões a nível de empresa, centro de pesquisa, órgãos governamentais, firmas de engenharias etc. (micro).

Diversos fatores intervêm no processo de planejamento e operação dos instrumentos de política. As políticas no mundo real são o resultado de um conjunto de interações entre a política "explícita" e a política "implícita" e não uma simples tradução dos objetivos para ciência e tecnologia em critérios para a tomada de decisões governamentais. Se, por um lado, temos os objetivos e critérios que levam à formulação de políticas explícitas em matéria de ciência e tecnologia, por outro, há muitos outros objetivos e critérios para a formulação de várias políticas (industrial, financeira, trabalhista, de comércio exterior, creditícia, fiscal etc.) as quais possuem um impacto muito importante sobre as decisções tecnológicas. É preciso descobrir e identificar as implicações de outras políticas a fim de poder definir a direção que tomará a política resultante da interação entre políticas implícitas e explícitas.

Já houve alguns exemplos deste processo de explicitação de políticas tecnológicas implícitas[3], os quais mostram a utilidade destes conceitos. Tem-se visto com freqüência que surgem contradições entre as metas das políticas explícitas e implícitas e que a "política resultante" contém vários componentes de natureza contraditória, cuja predominância será determinada pelo peso relativo dos instrumentos utilizados a fim de implementar cada um deles. Por exemplo, geralmente os incentivos fiscais para a realização de pesquisa e desenvolvimento na indústria são instrumentos relativamente débeis em comparação com os mecanismos de crédito que motivam o empresário a adquirir tecnologia no exterior. Em um contexto onde operem estes dois tipos de instrumentos de maneira preponderante, é claro que o componente da política resultante que promove a importação de tecnologia prevalecerá sobre aquele que promove o desenvolvimento de tecnologia local.

As decisões tecnológicas tomadas pelas unidades produtivas determinam a capacidade de absorção de tecnologia do país, bem como o padrão de demanda de tecnologia. As decisões tomadas por centros de pesquisa e firmas de engenharia determinam a oferta interna de tecnologia, enquanto que as decisões de fornecedores estrangeiros (consultores, empresas multinacionais, licenciadores, fornecedores de maquinaria e equipamento etc.) determinam a oferta externa de tecnologia. Entre os múltiplos fatores que condicionam as decisões que toma cada um desses agentes, encontram-se os instrumentos de política que o governo emprega. O problema central no planejamento e operação de um instrumento particular consiste em determinar sua influência relativa sobre as decisões que tais agentes tomam. Se não se tem esta informação com um mínimo de certeza, será virtualmente impossível antecipar o impacto de uma política e os instrumentos correspondentes.

Todavia, em assuntos de ciência e tecnologia, como em muitos outros campos, não é suficiente ter boas políticas e bons instrumentos, dado que estes não existem independentemente dos indivíduos que os projetam e utilizam. Para poder introduzir mudanças substanciais e modificações que levariam à consecução dos objetivos desejados é preciso ter acesso ao poder político. Isto pode parecer uma observação simplista,

---

3. Ver em particular os trabalhos preparados no contexto do Projeto STPI mencionados anteriormente.

exceto que amiúde se tende a esquecer que a "razão" por si só não é suficiente para poder levar a cabo as mudanças desejadas. Desafortunadamente, as ocasiões em que os políticos deram atenção aos temas científicos e tecnológicos e as situações onde quem possui conhecimento sobre o tema teve posições de poder e responsabilidade foram pouco numerosas. Mais ainda, nos casos em que se tem assegurado o acesso ao poder político, ocorreram sérios conflitos com quem, conscientemente ou não, propõe políticas em outras áreas que contradizem os objetivos de aumentar a capacidade científica e tecnológica e alcançar uma autonomia de decisão em assuntos de tecnologia. Embora as situações variem em diferentes países, no mesmo país em diferentes épocas, e em diversas entidades governamentais, em geral as mudanças efetivas têm sido bastante escassas em comparação com os projetos grandiosos que são oferecidos à política científica e tecnológica. Não obstante, nos últimos quatro anos a situação tem mudado em alguns países latino-americanos.

Relacionar padrões conceituais com a ação requer várias condições que devem ser satisfeitas simultaneamente. Em primeiro lugar, deve haver um grupo de profissionais que combinem capacidade executiva com sensibilidade política e com liderança intelectual. Em segundo lugar, é preciso que este grupo tenha acesso político e poder discricionário, o que significa que quem esteja encarregado de executar políticas científicas e tecnológicas seja capaz de levar a cabo as medidas que considere necessárias, mesmo frente à oposição de outros grupos de interesse, devido à confiança e apoio que recebem de funcionários governamentais e políticos no nível mais elevado. Em terceiro lugar, deve-se contar com os fundos suficientes, se possível de modo estável e independente das negociações orçamentárias, de tal maneira que sua operação esteja garantida por um mínimo de uns cinco anos. Em quarto lugar, o grupo deve ter uma concepção clara do problema e um conhecimento pleno da situação industrial, científica, tecnológica, educacional etc., no país, de preferência adquirida através de estudos sistemáticos de natureza empírica e teórica. Finalmente, o grupo central, e particularmente seus líderes, deve ter uma capacidade para projetar e executar políticas e instrumentos de tal modo que contrabalance os resultados a cruto prazo com a consecução de objetivos a longo prazo. Se se coloca demasiada ênfase em uma ou outra direção, o grupo se verá envolvido exclusivamente em problemas cotidianos de caráter operacional, ou se concentrará apenas em alcançar objetivos a longo prazo, com a conseqüente perda de apoio político. Talvez o pequeno número de casos em que políticas científicas e tecnológicas têm sido projetadas e implementadas com êxito, se deva, entre outros fatores, à dificuldades em harmonizar todas estas condições ao mesmo tempo.

## 6. POLÍTICA DE CIÊNCIA E TECNOLOGIA PARA O DESENVOLVIMENTO[1]

*Introdução*

Este capítulo apresenta uma avaliação de alguns fatos envolvidos na formulação e implementação de política de ciência e tecnologia em países subdesenvolvidos. Baseia-se em observações feitas no decurso de um processo de estudo de cinco anos como parte do projeto STPI, embora não tente

1. Para um tratamento completo deste tema ver: FRANCISCO R. SAGASTI, *Science and Technology for Development: Main Comparative Report of the STPI Project*, Ottawa, International Development Research Centre, 1978; e FRANCISCO R. SAGASTI e ALBERTO ARAOZ, *Methodological Guidelines for the STPI Project*, Ottawa, Internacional Development Research Centre, 1976. [Este capítulo não constava da edição espanhola. Foi traduzido direto do inglês, publicado em *Human Futures*, outono 1979.]

apresentar ou resumir os resultados obtidos pelas equipes dos dez países, pelo escritório de coordenação internacional e pelos consultores que participaram do projeto.

O projeto STPI focalizou os aspectos tecnológicos da política científica e tecnológica, e a tecnologia industrial em particular. Esta perspectiva, introduzida na pesquisa como um meio de limitar seu escopo, reflete-se no capítulo.

O interesse geral em política científica e tecnológica surgiu da crescente percepção de que a tecnologia com base científica tornou-se o fator-chave do crescimento da indústria ocidental durante os últimos 150 anos. As conquistas tecnológicas em uma grande variedade de indústrias trouxe à tona a inteira importância da função que a tecnologia moderna desempenha como instrumento de competição nas economias de mercado e também como meio de aprimorar o uso de pesquisas produtivas nas economias planificadas. Isto foi acompanhado pela reintrodução de considerações tecnológicas na teoria econômica — às quais havia negligenciado por mais de dois terços do século presente. A tecnologia foi também responsabilizada pelas diferenças no dinamismo e liderança entre indústrias européias e americanas. Por fim, *last but not least*, a importância da liderança tecnológica em questões de defesa entre o Leste e o Oeste também contribuiu para transformar ciência e tecnologia em áreas-chave da preocupação política.

A insuficiência e relativo fracasso dos esforços de industrialização dos países subdesenvolvidos no período posterior à Segunda Guerra Mundial, bem como a nova proeminência que a ciência e tecnologia estavam ganhando no mundo industrializado, combinaram-se para focalizar a atenção dos países do Tercerio Mundo nos problemas de política científica e tecnológica. Agências internacionais e especialistas também ajudaram a divulgar e espalhar esse interesse. A manifestação inicial desse interesse foi uma preocupação em comparar as potencialidades em ciência e tecnologia e pesquisas de países altamente industrializados e do Terceiro Mundo a fim de identificar o que faltava nestes últimos. Deste modo a atenção centrou-se na necessidade de uma infra-estrutura institucional de organizações de pesquisa e desenvolvimento melhor desenvida, centros de educação mais avançados, instituições de apoio à ciência e mesmo corpos de planejadores políticos de nível mais elevado para a elaboração de políticas para a ciência e tecnologia. Isto foi acompanhado por uma enxurrada de estudos diagnósticos com o propósito de descrever a situação da ciência e tecnologia no mundo menos desenvolvido.

Destas manifestações inciais do interesse surgiram muitas propostas de linhas políticas. Praticamente todas elas baseavam-se em alguma concepção ideal do que o "sistema" científico e tecnológico deveria ser, adotando implicitamente a situação nas nações desenvolvidas como modelo a ser seguido. Foram identificadas instituições ausentes, sugeriram-se políticas, e encetaram-se esforços de planejamento. Mas em geral estes descuraram das diferenças nos contextos específicos de subdesenvolvimento, empregaram modelos abstratos como guias para a formulação de políticas e prestaram atenção somente à provisão de conhecimento científico e tecnológico. A linha comum ligando essas propostas era uma crença um tanto ingênua e largamente compartilhada na efetividade da intervenção governamental no desenvolvimento de uma base científica e tecnológica nativa. Esta base produziria tecnologia relevante para às necessidades da indústria, que seria adotada por firmas industriais tão logo se tornasse disponível.

As deficiências desta abordagem logo se tornaram evidentes. Até nos casos onde as políticas e medidas governamentais foram bem-sucedidas na criação de uma infra-estrutura para ciência e tecnologia, as ligações com a produção industrial não apareceram em parte alguma. Defrontando-se com uma ausência de demanda para seus serviços, institutos de pesquisa, universidades e organizações de apoio desenvolveram uma lógica própria, prestaram homenagem apenas verbal ao caráter "relevante" de suas atividades e continuaram a requerer uma crescente parcela dos recursos governamentais para financiar sua expansão.

Com base nos recentes estudos empíricos disponíveis, mostrando os abusos dos fornecedores de tecnologia industrial do mundo industrializado (e a empresa multinacional em particular), em parte como uma reação, emergiu um movimento que lança a culpa na ausência de demanda de ciência e tecnologia locais — e assim o isolamento da estrutura científica e tecnológica em relação à produção — às indiscriminadas importações de tecnologia estrangeira. Medidas para regular tais importações logo foram propostas no mundo menos desenvolvido, criaram-se algumas instituições como resultado e isso ajudou a reduzir os abusos mais visíveis, ou pelo menos a torná-los menos visíveis.

Os escassos resultados observados após uma década mostram, em retrospecto, as limitações e inadequações dessas políticas propostas. Com pouquíssimas exceções, encontradas num punhado de países e em setores particulares, a situação não se alterou significativamente: as tecnologias ligadas à ciência geradas nos países menos desenvolvidos não estão, de forma alguma, próximas de serem levadas em consideração mesmo como uma parcela modesta da tecnologia empregada na produção industrial. No início dos anos 70 isso promoveu o interesse em compreender melhor a natureza da formulação e processos de implementação de políticas de ciência e tecnologia, relacionando-as a contextos específicos de subdesenvolvimento e às características de diferentes ramos da indústria. O projeto STPI foi um esforço de pesquisa nesse sentido.

Dois interesses estavam por trás dos esforços para organizar e lançar o projeto STPI: um, prático, relacionado ao aperfeiçoamento da elaboração de políticas; e outro, teórico, relacionado ao aperfeiçoamento da compreensão. Assim, o projeto foi organizado como processo de aprendizagem coletiva de ação orientada, visando quer prover a entrada de novos elementos elaboradores de políticas, quer também fazer avançar o conhecimento.

O processo de traduzir formulações políticas em fontes de influência para o processo de decisão real sobre questões tecnológicas tornou-se o principal objetivo da pesquisa. Isso foi feito levando em conta explicitamente o contexto econômico e histórico mais amplo das políticas de ciência e tecnologia industriais e a natureza do avanço técnico aos níveis setorial e empresarial[2].

## 1. O Contexto da Política de Ciência e Tecnologia Industrial

Uma das premissas da pesquisa em STPI foi que as características específicas do subdesenvolvimento num determinado país deve ser levada em conta para entender apropriadamente o papel da ciência e tecnologia no desenvolvimento industrial e o funcionamento dos instrumentos políticos. A dinâmica da evolução histórica, particularmente da indústria e da ciência e educação; o contexto econômico no qual o crescimento industrial ocorre; e outros fatores de natureza cultural, social e geográfica, condicionam fortemente as oportunidades de desevolvimento tecnológico na indústria, e assim exercem influência na efetividade dos instrumentos de política.

Um dos primeiros fatos que surgiram nas pesquisas em STPI, foi a importância de focalizar o projeto e a operação das

2. Os países que participaram do Projeto STPI foram: Argentina, Brasil, Colômbia, Egito, Índia, México, Peru, Coréia do Sul, Venezuela e Iugoslávia (República da Macedônia). O projeto foi financiado pelo International Development Research Centre of Canada, Departamento de Assuntos Científicos da Organização dos Estados Americanos, e agências nos países participantes.

políticas de ciência e tecnologia e instrumentos de política *ao nível de ramos industriais específicos*. Para tanto, o conceito tradicional de ramo industrial, definido em estatísticas econômicas como um conjunto de empresas, deve ser estendido para incluir agências governamentais, institutos de pesquisa, firmas de consultoria, organizações financeiras e assim por diante. O tempo e novamente os resultados obtidos pelas equipes nacionais do STPI mostraram que as políticas de ciência e tecnologias projetada para a indústria como um todo eram ineficazes.

Antes que o projeto e a implementação das políticas de ciência e tecnologia possam proceder com um razoável entendimento da situação local há uma série de questões contextuais que precisam ser examinadas. Algumas serão ressaltadas usando os países do STPI como exemplos.


1.1 A Origem e Estrutura da Indústria

Na maioria dos países do STPI a industrialização começou quase de modo involuntário, incentivada por crises externas (recessões, guerras) ou por dificuldades no balanço de pagamentos que forçaram o país a restringir importações, particularmente de bens de consumo, e encetar a produção doméstica. A este impulso inicial seguiram-se deliberadas políticas de protecionismo para estimular o crescimento da indústria local, através de medidas tais como tarifas, licenças de importação, controle cambial e restrição de importações. Em alguns casos, a imposição de tarifas sobre os bens importados foi considerada como meio de gerar renda para o governo. Com pouquíssimas e recentes exceções, as medidas protecionistas em países do STPI não vêm sendo encaradas como dispositivos para orientar o crescimento industrial, mas antes como mecanismos corretivos a serem empregados em situações de desempenho econômico crítico. Isto tem condicionado o estilo e o modo de operar os instrumentos de política para proteger a indústria, no sentido de eles serem freqüentemente usados para guiar seletivamente a expansão das atividades industriais. Como conseqüência, têm prestado menos atenção ainda ao possível crescimento das potencialidades da ciência e tecnologia específicas para a indústria.

Além do mais, a base inicial de acumulação para o crescimento industrial veio do setor primário que, em geral como resultado da integração do país à divisão internacional do trabalho no papel de exportador de bens, foi capaz de gerar um excedente econômico e um comércio exterior que foram subseqüentemente canalizados para a expansão industrial. O fardo principal de apoio à indústria recaiu sobre as atividades agrícolas, que propiciavam o comércio externo para importações de maquinaria e produtos intermediários para a indústria; forneciam força de trabalho a baixo custo através de deslocamentos periódicos da mão-de-obra agrícola para as cidades; forneciam os produtos agrícolas que constituíam a base de muitas indústrias (têxteis, alimentícias); forneciam mercado de massa para o o consumo de produtos industrializados; e ainda encobriam as transferências de recursos para os centros industriais urbanos através do fornecimento de produtos alimentícios a baixo custo para os habitantes das cidades e da compra de produtos industriais a alto custo destas. A agricultura em países do STPI ainda exerce algumas dessas funções após muitos anos de industrialização. Outras atividades primárias (produção petrolífera, mineração, pesca), orientadas principalmente para a exportação, desempenharam papéis semelhantes ao das exportaçoes agrícolas na geração de comércio externo.

Enquanto as atividades agrícolas proveram a base inicial de acumulação para o processo de industrialização em praticamente todos os países, no Terceiro Mundo é necessário observar a atitude relativamente complacente que acompanharia uma longa história de confiar nas transferências internacionais como meio de amparar o crescimento industrial.

Como no caso da maioria dos países menos desenvolvidos, os ramos da indústria de bens de consumo, tanto duráveis quanto não-duráveis, foram os primeiros a surgir nos países do STPI. Eles cresceram sob o estímulo de medidas protecionistas que restringiram a importação de bens de consumo, mas não protegeram a manufatura local de bens de capital e de insumos básicos. Incentivou-se a importação de maquinaria e equipamento, bem como a matéria-prima e produtos intermediários necessários à produção de bens de consumo. Assim, como resultado de processos históricos e sob o impacto cumulativo de medidas governamentais, os ramos de bens de consumo da indústria desenvolveram-se mais que os ramos do setor intermediário e de bens de capital. Do ponto de vista tecnológico isto implicou na importação maciça de equipamento e maquinaria que incorporam a tecnologia moderna, enquanto os elementos adicionais do conhecimento tecnológico necessários à produção de bens de consumo foram importados de forma "desincorporada", inicialmente através de acordos de licenciamento e assistência técnica estrangeira. Como resultado, estiveram ausentes o estímulo e as pressões de demanda para constituir indústrias de bens de capital nativas tecnologicamente complexas.

## 1.2. O Padrão de Demanda de Tecnologia

No processo de industrialização pela substituição das importações a estrutura da demanda de produtos industriais havia sido previamente estabelecida através das importações de bens de consumo, com o conseqüente condicionamento dos gostos e hábitos. Por esta razão, quando começaram a ser operadas as indústrias de bens de consumo locais tornou-se necessário aproximar-se o máximo possível dos produtos anteriormente importados, que por sua vez exigiam a importação de tecnologia, maquinaria e insumos intermediários. Com o passar do tempo, como a incipiente base científica e tecnológica local não estava em condições de prover a indústria com o conhecimento necessário à expansão das suas atividades (com exceção dos testes de rotina, normas e padrões), os laços com os fornecedores de tecnologia estrangeiros tornou-se mais forte. O caráter comprovado da tecnologia alienígena, o fato de o fornecedor estrangeiro poder garantir a tranqüilidade da produção no caso de utilizarem sua tecnologia, e a aversão a riscos por parte dos empresários locais (inclusive os das empresas estatais), reforçaram essa confiança nas fontes estrangeiras de tecnologia.

Houve também outros mecanismos em ação para tornar esses laços ainda mais fortes. Quando um financiamento para projetos industriais era obtido no exterior — através de créditos governamentais bilaterais, agências multilaterais ou bancos particulares — o uso de tecnologia, maquinaria, equipamento e serviços de engenharia estrangeiros geralmente tornava-se uma condição para a concessão do empréstimo e havia pouca oportunidade de participação para a engenharia ou grupos de pesquisa locais.

A expansão do investimento estrangeiro direto, principalmente através de corporações multinacionais, tornou os laços entre a indústria local nos países menos desenvolvidos e os fornecedores de tecnologia do mundo industrializado ainda mais fortes. O investimento externo tem fornecido uma considerável parte do capital necessário à expansão de alguns ramos tecnologicamente avançados e os empréstimos estrangeiros (ligados à tecnologia estrangeira) forneceram grande parte do capital para grandes projetos de investimento, que em geral estão além da capacidade de acumulação dos países menos desenvolvidos. Por outro lado, as transferências de lucros, interesses, *royalties*, taxas de assistência técnica e assim por diante, dos empresários locais e das subsidiárias da sede das corporações multinacionais, têm drenado do setor industrial nos países subdesenvolvidos uma porção substancial do limitado excedente que sua indústria é capaz de gerar.

A pressão do fornecimento de tecnologia estrangeira conduziram a uma atitude passiva por parte dos empresários locais e poucos esforços foram feitos no sentido de diversificar as fontes de suprimento ou de avaliar criticamente a oferta de tecnologia estrangeira. É desnecessário dizer que as potencialidades locais de ciência e tecnologia — quando existiam — eram deixadas de lado, levando a um grau extremo de dependência sobre a tecnologia externa que torna a indústria local um tanto vulnerável. Entretanto, este alto grau de dependência da tecnologia estrangeira não é uma característica exclusiva da industrialização de substituição de importações. Quando se segue uma estratégia orientada para a exportação é preciso importar a tecnologia necessária para manufaturar bens de exportação e também atingir um acesso aos canais de comercialização nos mercados dos países industrializados.

1.3. Tecnologia Endógena Relacionada à Ciência

Com base nestas apreciações dos fatores contextuais condicionantes, o crescimento das potencialidades tecnológicas reside no fato de que a indústria nos países menos desenvolvidos não saiu do processo endógeno de unir a evolução gradual das técnicas produtivas às descobertas feitas pelas atividades científicas, a fim de gerar as tecnologias ligadas à ciência que são utilizadas na indústria moderna. Exceto para um punhado de países ocidentais, este foi um processo que levou um tempo consideravelmente longo para o amadurecimento. Nenhum dos países subdesenvolvidos começou a desenvolver uma base cumulativa de atividades científicas antes do segundo terço do século XX e este desenvolvimento foi principalmente um reflexo do crescimento da ciência nos países mais altamente industrializados.

Portanto, a ausência de uma tradição histórica em ciência e tecnologia e os limitados recursos humanos, físicos e financeiros da maioria dos países subdesenvolvidos, tornou muito difícil o desenvolvimento de um esforço científico e tecnológico viável, a menos que fossem estabelecidos acordos cooperativos. Nem houve uma base artesanal, técnica e de engenharia difundida, numa escala análoga à encontrada nos países industrializados do Ocidente há várias décadas, que permitisse a absorção e interiorização das descobertas científicas com o propósito de produção industrial.

Agora os países subdesenvolvidos estão no processo de aquisição dessa base artesanal, técnica e de engenharia (freqüentemente através da evolução de tecnologia tradicionais) por um lado, e a capacidade em ciência moderna por outro, sendo ambos necessários para começar o processo rumo à indústria endógena ligada à ciência. Este é um estágio no qual muitos dos países atualmente industrializados estiveram na segunda metade do século XIX e nas duas primeiras décadas do século XX. Assim, há uma defasagem inerente nos esforços de desenvolver indústrias nativas ligadas à ciência nos países subdesenvolvidos, pois os países altamente industrializados estão agora inteiramente no estágio de produção sistemática e organizada de novas tecnologias com base em descobertas científicas. Não só este processo está se acelerando a passos rápidos no mundo industrializado, mas também a contínua transferência das tecnologias que resultam dessas atividades está tendo um estrondoso efeito no desenvolvimento de uma base científica e tecnológica endógena nos países do Terceiro Mundo.

1.4. Oportunidades e Limitações

Face a estas condições, quais são as oportunidades e limitações ao desenvolvimento de potencialidades da ciência e tecnologia industriais nos países subdesenvolvidos? Como primeiro passo, é preciso dissipar a ilusão de que a presente distribuição desproporcional das potencialidades industriais e inovadoras entre países industrializados e do Terceiro Mundo pode ser drasticamente alterada a curto ou médio prazos. O processo de construção de uma base científica e tecnológica endógena para a indústria é muito longo e requer esforços decisivos sustentados por um período considerável. No entanto, há muitas atitudes que poderiam ser tomadas a curto e médio prazos, tanto para estabelecer o estágio para esforços subseqüentes e mais substanciais, quanto para amenizar alguns dos efeitos maléficos associados às indiscriminadas importações tecnológicas.

É claro que as oportunidades para o desenvolvimento da ciência e tecnologia industrial que aumentariam a autonomia de decisão estão limitadas pelo crescimento e evolução da própria indústria. Se as potencialidades da ciência e tecnologia (pesquisa e desenvolvimento, educação técnica, serviços de apoio, experimentação, informação etc.) fossem desenvolvidas além do estado da indústria local, elas cairiam num vácuo, pois não haveria demanda efetiva para elas. Instituições de pesquisa se voltariam para si mesmas, o pessoal qualificado emigraria e os recursos seriam desperdiçados no desenvolvimento de uma infra-estrutura que não poderia ser posta em uso efetivo. Por outro lado, muitas vezes a indústria está mais desenvolvida além do que seria um nível apropriado ou correspondente em termos de uma base da ciência e tecnologia local para a geração de tecnologia e para absorção de tecnologia importada e as oportunidades para construir uma base científica e tecnológica industrial estariam perdidas. O caso freqüente, no qual os projetos *turnkey* são importados na forma de pacotes, fornece um exemplo de como se desenvolve uma capacidade produtiva sem constituir as potencialidades tecnológicas correspondentes. Assim o problema reside em balancear o desenvolvimento da produção industrial com o da capacidade da ciência e tecnologia a fim de que uma reforce a outra. Neste processo, atividades de engenharia e o desenvolvimento de uma base de ciência em engenharia que permitisse a absorção de tecnologia importada torna-se talvez mais importante que o crescimento de uma capacidade local de pesquisa e desenvolvimento.

## 1.5. O Papel do Estado

Considerando, com base na experiência passada, que as forças do mercado por si não conduzirão ao desenvolvimento de uma capacidade científica e tecnológica endógena nos países do Terceiro Mundo, a questão crucial é: qual é a função do Estado no processo de planejamento e implementação de políticas científicas e tecnológicas industriais?

A maioria dos países subdesenvolvidos são economias mistas nas quais o Estado desempenha um papel muito importante como regulador da atividade econômica, e como fornecedor de serviços básicos. Portanto, torna-se imperativo examinar quais os interesses que o Estado representa: os dos comerciantes, dos exportadores de bens primários, da burguesia local, dos empresários estrangeiros, dos militares, dos grupos latifundiários, dos camponeses, dos trabalhadores urbanos organizados etc.; como estes grupos de interesse têm acesso ao poder e como o compartilham? O que significa para a indústria local a relativa predominância de um ou de outro?

Seguindo a isto, qual a importância relativa dos objetivos da industrialização? Que estratégia de industrialização seguir? Quem pagará por ela? Finalmente, qual é o papel (se há algum) destinado aos objetivos de desenvolvimento da ciência e tecnologia?

Não há respostas fáceis para estas questões; elas certamente serão assunto para diferentes interpretações talvez ao mesmo tempo, e certamente mudarão com o decorrer do tempo. No entanto, precisam ser continuamente respondidas e revistas para que o delineamento e a implementação de políticas científicas e tecnológicas industriais ajam de acordo com as realidades do processo de desenvolvimento. Além disso, a resposta às questões precedentes determinará o ambiente de operação dos instrumentos de política da ciência e tecnologia e se é possível definir uma política científica e tecnológica que corresponderia às políticas de desenvolvimento industrial.

### 1.6. O Funcionamento dos Instrumentos de Política

Uma política pode ser definida como uma declaração de intenção do governo, expressa por um representante ou instituição governamental estabelecendo propósitos e objetivos, especificando os resultados desejados e estabelecendo metas. As políticas fornecem critérios para gerar e escolher entre várias alternativas na atuação de funções e atividades, e assim guiam a elaboração de decisões. Por ser a política apenas a afirmação de uma intenção, ela precisa ser sustentada por instrumentos de política — os meios pelos quais é colocada em prática. Os instrumentos de política são os veículos ou mecanismos usados pelos elaboradores de políticas para orientar a decisão de outras pessoas; isto é, são a ligação entre o propósito expresso numa política e sua realização.

Os instrumentos explícitos de política científica e tecnológica são aqueles que pretendem interferir diretamente nas decisões, tendo a ver com o crescimento das potencialidade da ciência e tecnologia. Os instrumentos implícitos da política de ciência e tecnologia são os que, apesar de se referirem às políticas, funções e atividades além das científicas e tecnológicas, têm um significativo impacto indireto ou de segunda ordem sobre a elaboração de decisões da ciência e tecnologia. São de particular importância para o crescimento das potencialidades da ciência e tecnologia locais os instrumentos de política relacionados ao processo de industrialização, pois eles influem no padrão de demanda de tecnologia, na importação de tecnologia, e na capacidade do setor produtivo de absorver e assimilar tecnologia (ver o Quadro 5 para uma relação ilustrativa dos instrumentos da política de ciência e tecnologia).

### 1.7. Instrumentos Políticos e Industrialização

Como resultado da interação entre diferentes grupos de interesse competindo pelo controle do Estado, e da estratégia econômica e industrial resultante, a intervenção do Estado

## Quadro 5: Relação Ilustrativa dos Instrumentos da Política de Ciência e Tecnologia

*Instrumentos Políticos para Construir uma Infra-estrutura de Ciência e Tecnologia*
— Planejamento da ciência e tecnologia (explícito)
— Financiamento de atividades da ciência e tecnologia (explícito)
— Treinamento da força de trabalho (explícito)

*Instrumentos Políticos para Regular a Importação de Tecnologia*
— Registros de transferência de tecnologia (explícito)
— Controles de importação (implícito)
— Controles de investimentos externos (implícito)
— Contratos de risco (implícito)

*Instrumentos Políticos para Definir o Padrão de Demanda de Tecnologia*
— Programação industrial (implícito)
— Financiamento industrial (implícito)
— Controle de preços (implícito)
— Medidas fiscais (implícito)
— Poder de compra do Estado (implícito)
— Medidas para promover a Exportação (implícito)

*Instrumentos Políticos para Promover o Desempenho das Atividades de Ciência e Tecnologia nas Empresas*
— Linhas de crédito especial (explícito)
— Incentivos fiscais (explícito)

*Instrumentos Políticos para Sustentar o Desempenho de Atividades de Ciência e Tecnologia*
— Organizações de consultoria e de projetos de engenharia (explícito)
— Normas técnicas e padrões (explícito)
— Sistemas de informação técnica (explícito)

em países menos desenvolvidos como aqueles do projeto STPI tem sido principalmente orientada para o estabelecimento de condições para o rápido crescimento industrial, e o da indústria privada em particular. Assim, os instrumentos políticos têm sido empregados para promover a expansão da indústria em geral, mas raramente foram usados para orientar o padrão de consumo e a correspondente estrutura industrial.

Por exemplo, entre o conjunto de instrumentos políticos da industrialização encontrados nos países do STPI, é comum achar medidas que se aplicam além das fronteiras, a todas as indústrias, e que se destinam a: reduzir o custo do trabalho (subsídios e descontos de taxas nas folhas de pagamento para incentivar o emprego industrial, treinamento da força de trabalho em organizações governamentais etc.); reduzir o custo do capital (termos de crédito fáceis para a indústria, incentivo de taxas para promover o investimento); prover serviços básicos e insumos industriais a baixo custo (energia, água, transporte, comunicações, ferro e aço); e restringir a importação de bens competidores (tarifas, licenças de importação, controles de comércio estrangeiro). Assim as firmas industriais operam dentro de um contexto de medidas promocionais, que geralmente se aplicam tanto às empresas locais quanto as de propriedade estrangeira embora às vezes a primeira, pelo menos nominalmente, receba mais apoio.

As políticas científicas e tecnológicas industriais são analogamente vagas. Na ausência de uma estratégia de industrialização bem definida e discriminada, as políticas de ciência e tecnologia só podem ser de natureza geral protetora. Os instrumentos usados para colocá-las em prática têm assim um caráter relativamente passivo de forma que, embora proporcionando incentivos e instigações e estabelecendo uma infra-estrutura geral para a ciência e tecnologia industriais, são incapazes de guiar o desenvolvimento das potencialidades científicas e tecnológicas para a indústria. O inverso também é verdadeiro, e os países que definiram uma estratégia de industrialização, estabeleceram prioridades e determinaram o alcance e a natureza da intervenção governamental, também acharam necessário empenhar-se na formulação de políticas de ciência e tecnologia que dariam apoio aos alvos do desenvolvimento industrial e com os quais estariam em harmonia.

Um fator básico que deve ser considerado enquanto se examina o impacto dos instrumentos da política de ciência e tecnologia é se os instrumentos políticos usados para implementar as políticas de desenvolvimento industrial em geral exercem algum efeito significativo no comportamento das unidades produtivas. Há casos em que o conjunto de instrumentos políticos foi projetado com pouco conhecimento, ou com um entendimento muito ingênuo da natureza das atividades produtivas industriais, da racionalidade dos empreendedores, e do jogo de forças que orienta a expansão da indústria. O resultado é que as políticas e os instrumentos políticos ficam formalmente superpostos a uma estrutura industrial que não responde às medidas prescritivas, motivadoras ou coercitivas que eles contêm: enquanto os instrumentos políticos são projetados e implementados de acordo com uma realidade assumida ou percebida pelo governo, de fato a indústria opera de acordo com uma lógica diferente e responde a estímulos diferentes. É claro que, em tal situação, os instrumentos da política de ciência e tecnologia têm muito pouca possibilidade de serem efetivos.

1.8. O Processo de Implementação da Política

É difícil caracterizar os instrumentos da política de ciência e tecnologia em termos individuais, e em todo caso, é mais importante examinar suas interações. Por esta razão cabe caracterizar o conjunto de instrumentos políticos, tanto explícitos quanto implícitos, como um todo, focalizando somente algumas características que definam o tipo de implementação da política. As descobertas no projeto STPI salientam várias características gerais que merecem atenção, e o Quadro 6 apresenta um resumo destas características em sete países do STPI. Alguns traços específicos do processo de implementação da política são destacados a seguir:

*Generalidade:* A maioria dos instrumentos políticos identificados no projeto STPI foi projetada para operar ao nível da indústria como um todo ou dos ramos industriais, no sentido de que seu impacto fosse sentido nas decisões concernentes ao crescimento industrial como um todo ou nas decisões entre os vários ramos (por exemplo, incentivos para promover investimentos, estruturas tarifárias para incentivar o crescimento de certos ramos). Outros instrumentos de política foram delineados para interferir nas decisões sobre linhas de produção dentro de um ramo industrial particular (por exemplo, incentivos para tipos específicos de produtos, redução de taxas para a exportação de certos manufaturados). Finalmente, houve muito pouco casos nos quais os instrumentos de política foram delineados para afetar escolhas tecnológicas dentro das linhas de produção (por exemplo, crédito industrial ligado ao uso de uma determinada tecnologia). Verificou-se que a maioria dos instrumentos de política se aplicam além das fronteiras a todos os ramos industriais e a todos os tipos de empresas, sem levar em conta os produtos manufaturados ou as tecnologias empregadas.

Alguns instrumentos de política são projetados de tal modo que o poder discricionário é atribuído aos órgãos governamentais encarregados de aplicá-las. Em teoria supõe-se que isso contrarie a generalidade dos instrumentos de política, pois o órgão poderia discriminar de acordo com as particularidades de cada caso. Embora isso tenha sido tentado em uns poucos casos, a ausência de critérios bem definidos para o uso do poder discricionário tem de fato impedido o uso mais seletivo dos instrumentos da política.

*Heterogeneidade:* Na maioria dos países do STPI um grande conjunto de instrumentos políticos de vários tipos, respondendo a diferentes orientações políticas e assumindo diferentes formas de racionalidade das empresas industriais, coexiste em conjunto, como se constatou, ainda que uma certa parte deles não esteja sendo realmente usada. Esta diversidade no conjunto de instrumentos políticos não altera sua generalidade, pois a maior parte deles, apesar de diferentes, permanece em um nível antes geral em termos dos efeitos que exercem sobre as decisões tecnológicas. A heterogeneidade é uma conseqüência da presença temporária de certos grupos de poder no governo, que procuraram promover seus próprios interesses e projetaram, consequentemente, novos instrumentos de política, deixando a estrutura precedente de implementação de políticas virtualmente inalterada. Assim, em alguns países é possível encontrar diferentes safras de instrumentos políticos, dos quais somente as últimas foram postas em prática.

Outra razão para a heterogeneidade dos conjuntos de instrumentos políticos deriva dos conflitos pelo poder dentro do Estado. Dado que o governo não é uma entidade homogênea, certos instrumentos políticos e órgãos que devem implementá-los podem cair sob a influência de grupos em competição procurando usá-los para seus próprios propósitos. O resultado é, antes, um conjunto misto de instrumentos políticos e de critérios a fim de pô-los em prática. Isto se torna mais perceptível quando os instrumentos políticos implicam poder discricionário, quando há dispersão institucional, e quando há falta de coordenação na aplicação dos instrumentos políticos.

*Passividade:* A maioria dos instrumentos políticos identificados no STPI requeriam que o órgão encarregado tomasse uma atitude passiva, tendo a iniciativa para a aplicação real dos instrumentos que vir das unidades produtivas, organizações de pesquisa, firmas de engenharia etc., que deveriam ser influênciadas por elas. Isto estava estreitamente relacionado à natureza *positiva* dos instrumentos, pois a maioria deles proporcionava incentivos às firmas industriais, as quais incumbia dar os necessários passos para obter os benefícios (incentivos tributários, créditos preferenciais, proteção tarifária, abatimento de taxas etc.). Entretanto, na prática a eficácia destes instrumentos foi limitada pela ausência de conhecimento com relação às condições de sua aplicação de parte daqueles que deveriam beneficiar-se deles. Relativamente poucas empresas tiraram vantagem das oportunidades oferecidas pelos instrumentos políticos e isso conduziu a uma relativa concentração em sua aplicação: um pequeno número de firmas industriais tirou proveito de uma larga porção de itens de aplicação de instrumentos políticos, e por sua vez beneficiaram-se de vários deles. Isso significou que a maioria das empresas não foi afetada pelas medidas governamentais e trabalhou sem prestar atenção a elas, o que levou à efetiva *marginalização* dos instrumentos políticos. Além do mais, as condições para a aplicação dos instrumentos eram freqüentemente definidas de maneira tão complexa que elas se tornaram irrelevantes a todos, exceto para um pequeno número de grandes empresas industriais dotadas de meios para requerer e obter os benefícios.

*Redundância:* Esta característica é encontrada quando há um número relativamente grande de instrumentos políticos que deveriam atuar no mesmo sentido, particularmente conferindo benefícios às empresas industriais, por exemplo, encontraram-se muitos instrumentos que baixavam o custo do capital para as empresas (vários tipos de linhas de crédito especial, abatimento de taxas sobre pagamentos de juros, baixas tarifas para a importação de bens de capital, isenções especiais de tributos para lucros reinvestidos, taxas de depreciação acelerada, créditos especiais de taxas para investimento em certas regiões, serviços de infra-estrutura básica providos pelo Estado etc.). Assim, um instrumento político após o outro ajudou a baixar o custo do capital a fim de promover o investimento. Apesar de cada um deles ter um propósito especial em mente, seu efeito combinado de fato cancela o impacto que qualquer instrumento político pode ter individualmente. Na prática qualquer firma industrial poderia se beneficiar de várias dessas medidas políticas, e muitas firmas procurariam se beneficiar da maioria delas. Deste modo, o fato de que há muitos instrumentos políticos diferentes orientados na mesma direção, de que eles são antes gerais e se aplicam a qualquer empresa, de que a iniciativa permanece com as firmas que deveriam beneficiar-se deles, e de que são aplicados por diferentes órgãos governamentais, conduz a uma estrutura de implementação de políticas muito complexa, na qual a acumulação de possíveis benefícios de várias medidas redundantes torna qualquer uma delas, antes, ineficaz. Note-se que esta redundância está estreitamente ligada à concentração dos benefícios e instrumentos políticos.

*Incompletude:* Muitas das características mencionadas acima são pertinentes aos instrumentos políticos positivos projetados para induzir ou motivar um certo comportamento em parte das empresas industriais. Embora examinando os instrumentos políticos *negativos* que deveriam impor certas restrições e controlar o comportamento das firmas industriais (por exemplo, restrição de importações, controles de comércio estrangeiro, registro e aprovação de acordos de licenciamento etc.), verificou-se que muitos deles não cobriram todo o espectro de unidades produtivas, que deixaram largo espaço para exceções, e que as empresas estatais tendiam particularmente a contornar as regulamentações destinadas a estimular o crescimento da indústria local e incentivar o desenvolvimento de potencialidades tecnológicas nativas. Por exemplo, as proibições de importação de equipamento e maquinaria, com a finalidade de promover a produção local, foram freqüentemente ignoradas ou revogadas pelas empresas estatais ou órgãos governamentais, o mesmo se aplicando à assinatura de acordos de licenciamento contendo cláusulas restritivas proibidas pela legislação vigente. Assim estes instrumentos políticos negativos foram considerados incompletos e próprios para serem contornados através de exceções.

2. *O Impacto dos Instrumentos da Política de Ciência e Tecnologia nas Mudanças Técnicas*

Das observações precedentes fica claro que os instrumentos políticos não interferem na tomada de decisões e nas mudanças tecnológicas ao nível de ramo e empresa de maneira linear e direta; e que há muitos fatores complexos e fontes de influência conflitantes no processo de planejamento e implementação de políticas de ciência e tecnologia. Em adição ao contexto de desenvolvimento industrial e ao funcionamento da máquina governamental, é necessário examinar a orientação e o ritmo das mudanças tecnológicas a fim de entender e avaliar o possível impacto dos instrumentos políticos.

Um fato que deve ser lembrado quando se examina o impacto dos instrumentos políticos sobre as mudanças técnicas é que as inovações tecnológicas introduzidas nos países subdesenvolvidos originam-se, na maioria das vezes, nos países industrializados. Enquanto nestes os progressos técnicos resultam da interação de dotações financeiras, forças do mercado e estratégias de competição, as inovações são geralmente introduzidas nos países do Terceiro Mundo após terem sido desenvolvidas, testadas e aplicadas em alguma outra parte. Por esta razão pode-se considerar como determinado por fatores externos o âmbito de tecnologias industriais à disposição dos países subdesenvolvidos, muito embora a seleção de uma tecnologia específica ainda deixe espaço para moldar a evolução da base tecnológica local.

Há três categorias de fatores que devem ser levadas em consideração quando se examina o impacto dos instrumentos da política de ciência e tecnologia nas mudanças tecnológicas ao nível do ramo industrial: as características da tecnologia em si e a natureza das mudanças tecnológicas em curso; as características estruturais e dinâmicas do ramo industrial e os traços principais das empresas.

*As características da tecnologia e a natureza das mudanças técnicas* podem ser estudadas sob diversos pontos de vista. Para um tipo particular de atividade produtiva é possível focalizar as seguintes: mudanças na tecnologia de produtos, processos ou materiais, identificando tendências e principais fatores que os condicionam; uma inovação particular, que pode ser isolada para estudo e seguida através da sua difusão no ramo; uma cadeia de atividades produtivas, estudando o processo de modo integral a partir do fornecimento de matéria-prima e insumos, através de suas sucessivas transformações, até o produto final, e observando as técnicas usadas em cada fase; ou enfocando o meio pelo qual a tecnologia é principalmente incorporada ao processo de produção (através de equipamento e maquinaria, especificações de processo, especificações de produto, produtos intermediários, ou através de recursos humanos.

O objetivo desta análise seria identificar o meio pelo qual a tecnologia está relacionada à estrutura do ramo e às características das empresas, a fim de que as coações e limitações impostas pelas características intrínsecas da tecnologia possam ser entendidas claramente para verificar o impacto dos instrumentos políticos.

*As características estruturais e dinâmicas do ramo* constituem a segunda categoria de fatores a ser examinada para melhor compreensão do processo de mudança técnica e do impacto dos instrumentos políticos. Fatores como o tamanho e a taxa de expansão do mercado, que proporcionam oportunidades para as firmas existentes expandirem suas atividades e as novas entrarem no campo; o grau de concentração da produção, que influenciaria a natureza da competição; o peso relativo do investimento estrangeiro, que afetaria o padrão de demanda de tecnologia, e a dispersão geográfica da produção, que pode dividir o mercado em vários segmentos, devem ser todos levados em conta. De particular importância é o modo pelo qual o ramo em estudo está ligado ao resto da indústria e da economia, isto é, se ele é dependente de matérias-primas, insumos e equipamentos importados ou locais; se está amplamente isolado ou estreitamente ligado a outros ramos industriais; se os produtos manufaturados são de consumo, intermediários ou básicos, e assim por diante. Isto daria uma idéia da importância relativa e do impacto das mudanças técnicas no ramo e das fontes de tais mudanças.

No entanto, o fator mais importante a ser examinado nesta categoria é a forma predominante da competição entre as firmas do ramo, e o papel que a tecnologia exerce como canal ou mecanismo de competição. As formas de competição variarão largamente de ramo para ramo, e o papel da tecnologia mudará com as características estruturais e dinâmicas de um dado ramo industrial.

Os canais ou mecanismos de competição predominantes que uma firma pode empregar envolvem reduções de preços para conquistar uma fatia maior do mercado; diversificação de produtos para expandir o mercado existente ou criar um novo; desenvolvimento de canais de distribuição para colocar os produtos mais próximos do consumidor; provimento de serviços de assistência após as vendas para assegurar a fidelidade do consumidor; especialização da produção para explorar os nichos do mercado; promoção de exportações para transcender as limitações dos mercados locais; regionalização da produção para tirar proveito de custos de transportes mais baixos quando a demanda é dispersa; integração vertical para assegurar o controle das matérias-primas e produtos intermediários; introdução de novas tecnologias de produção para tirar vantagens das economias de escala; produtividade aumentada, e do uso mais eficiente dos insumos com o objetivo de reduzir custos; e assim por diante. Uma combinação desses mecanismos será usada por diferentes firmas nos vários ramos industriais para definir suas estratégias de competição. A forma predominante de competição resultante da interação entre as firmas condicionará a relativa importância da mudança técnica nas estratégias de firmas individuais, e em conseqüência, o impacto que os diferentes instrumentos de política tem a probabilidade de exercer sobre o desenvolvimento das potencialidades científicas e tecnológicas no ramo.

A terceira categoria de fatores refere-se às *características das empresas que constituem o ramo*. Elas surgem não só como resultado da estratégia particular seguida para competir com outras firmas, mas também dos fatores como o tamanho, estrutura de propriedade, locação, grau de especialização técnica dentro da firma, estrutura financeira, e atitudes administrativas. Estes fatores afetariam a decisão de uma firma individual de introduzir uma inovação técnica particular, as fontes das quais ela seria obtida, o modo pelo qual ela seria incoporada ao processo de produção etc. Em última análise, a construção de potencialidades técnicas na indústria só pode ser conseguida através da agregação das potencialidades técnicas das empresas individuais e das outras organizações e órgãos envolvidos em ciência e tecnologia industrial.

Apesar de cada categoria ter sido analisada individualmente, e os fatores que foram considerados importantes terem sido relacionados, o fato importante é como estas categorias de fatores interagem entre si para estabelecer a base para a evolução tecnológica de um ramo industrial particular, e bem como para condicionar o impacto dos instrumentos da política científica e tecnológica. É um tanto difícil descrever estas interações de modo abstrato, pois a formulação de uma teoria satisfatória da mudança técnica nos países menos desenvolvidos ainda está longe de ser alcançada. A estruturação dessas três categorias, e os fatores que foram identificados em cada uma, fornecem um guia para prosseguir na identificação de condicionantes maiores da mudança técnica na indústria e do impacto dos instrumentos científicos e tecnológicos.

## 3. Observações Finais

Seguindo as observações feitas nas seções anteriores, e depois que as dificuldades existentes na construção de potencialidades científicas e tecnológicas nativas para a indústria se tornaram evidentes, vale a pena recordar as razões pelas quais um país subdesenvolvido deve tentar desenvolver tais potencialidades. Se a autonomia de decisão para orientar o processo de desenvolvimento industrial para os objetivos nacionais é absolutamente válida, então é preciso obter uma certa medida de controle sobre este processo, a fim de desenvolver opções e escolher o melhor rumo a trilhar. A possibilidade de controlar o destino industrial de um país repousará crescentemente na aptidão para avaliar, escolher e absorver tecnologia importada; e na capacidade de gerar tecnologia local e transformá-la em projetos industriais viáveis. Por isso é absolutamente necessário desenvolver as potencialidades científicas e tecnológicas industriais próprias de cada país[3].

Além disso, à medida que o processo se desenvolve e o país habilita-se para gerar um esquema viável de acumulação e um excedente econômico, a possibilidade de transformar esse excedente em investimento interno e sem ter que confiar totalmente no mundo industrializado, será determinada pelo nível das potencialidades de ciência e tecnologia do país e pelo grau de desenvolvimento da sua indústria de bens de capital. Em conseqüência, quaisquer esforços para incrementar a autonomia e tornar-se mais auto-suficiente passa necessariamente através do desenvolvimento de potencialidades científicas e tecnológicas.

Mas também é preciso reconhecer que o desenvolvimento dessas potencialidades científicas e tecnológicas, e de uma base científica e tecnológica endógena para a indústria, levará muito tempo para a maioria dos países menos desenvolvidos. Não obstante, é também necessário aceitar que o desenvolvimento (qualquer que seja a forma política ou social que ele assuma) não é viável se os benefícios potenciais da ciência e tecnologia modernas são rejeitados: independentemente de preferências ideológicas ou pessoais, ciência e tecnologia são componentes essenciais de qualquer estratégia de desenvolvimento no último terço do século XX. No entanto, isto não significa que seja necessário seguir o estilo ocidental de desenvolvimento, a seqüência de estágios pela qual ele passou, e a maneira particular de usar a ciência e a tecnologia que ela implica; há espaço para a escolha, embora limitado, mas ele pode e deve ser explorado ao máximo possível.

Além do mais, por causa das grandes disparidades nas dotações da ciência e tecnologia entre os países industrializados e aqueles do mundo subdesenvolvido (disparidades, cuja origem histórica remonta há vários séculos), a possibilidade de mudar rápida e radicalmente o estado existente dos acontecimentos em relação à ciência e tecnologia é mínima. No entanto, a margem para manobra dentro desses limites absolu-

3. Para uma discussão dessas idéias ver FRANCISCO R. SAGASTI, *Technology, Planning and Self-reliant Development*, New York, Praeger (eds.) (no prelo).

tamente restritivos é certamente maior que a observada pela maioria dos líderes do mundo subdesenvolvido.

Os cataclismos econômicos das economias ocidentais industrializadas nos anos 70, as medidas tomadas a fim de iniciar a transição rumo a uma nova Ordem Econômica Internacional, e a redistribuição internacional das atividades industriais que começa apenas a tornar-se discernível, poderia abrir novas oportunidades aos países menos desenvolvidos. Portanto, dentro do contexto de um mundo em mudanças, deveriam ser criadas estratégias de desenvolvimento de ciência e tecnologia especificando: áreas nas quais as potencialidades científicas e tecnológicas devem ser completamente desenvolvidas e as tecnologias nativas devem constituir a base para as atividades produtivas; áreas onde as aptidões para escolher, modificar e absorver tecnologias importadas devem ser construídas; e áreas nas quais a base existente de tecnologias tradicionais deve ser preservada e mais desenvolvida.

Mas então, qual a função dos instrumentos da política de ciência e tecnologia nesse processo de explorar as limitadas oportunidades à disposição para desenvolver as potencialidades científicas e tecnológicas locais da indústria? A mera formulação de política e o planejamento e operação dos instrumentos da política está fadada a fracassar, independente de boas intenções, a menos que estejam engastados num contexto que favoreça o desenvolvimento científico e tecnológico; a não ser que estejam estreitamente articulados com as políticas de desenvolvimento industrial; e a menos que as características da mudança tecnológica, da estrutura e das empresas em ramos particulares da indústria estejam integradas ao processo de planejar e operar as políticas da ciência e tecnologia e seus instrumentos de política.

## 7. A UNIVERSIDADE E O DESENVOLVIMENTO DA CIÊNCIA E TECNOLOGIA*

*1. Marco Institucional para o Desenvolvimento da Ciência e Tecnologia*

O estabelecimento de uma infra-estrutura institucional adequada é uma das tarefas necessárias para promover o desenvolvimento científico e tecnológico autônomo. Esta infra-estrutura compreende organizações, limites jurídicos, e normas explícitas e implícitas para regular a interação entre os agentes no campo da ciência e tecnologia. Neste capítulo nos

\* Este capítulo baseia-se num ensaio apresentado no seminário do Centro de Promoção Universitária em Viña del Mar em agosto de 1972, e que apareceu nos livros *Universidad Latinoamericana:¿ Tipo Único o Tipología Compleja?* e *Desarrollo Científico y Tecnológico, y Universidad,* ambos publicados em Santiago do Chile pelo CPU em 1973 e 1974 respectivamente.

referiremos brevemente a esta infra-estrutura institucional, para nos centrarmos em seguida no papel que deveria exercer nela a universidade.

Em primeiro lugar, é preciso considerar um conceito mais amplo de "atividades científicas e tecnológicas", estendendo os conceitos tradicionais de pesquisa e desenvolvimento para abranger atividades associadas à importação de tecnologia (busca de tecnologia, informação técnica, identificação e seleção de técnicas, pesquisa adaptativa), e as atividades tecnológicas com as produtivas (pesquisa de produção, solução de problemas técnicos, adaptações e melhoras de produtos e processos). O conceito ampliado de atividades científicas e tecnológicas leva à inclusão de novas organizações no âmbito da infra-estrutura institucional para ciência e tecnologia, tais como as empresas de consultoria, as unidades de engenharia e desenvolvimento das empresas, as organizações que buscam e identificam tecnologia, e os organismos que aprovam a importação de tecnologia.

A fim de apreciar o papel que a universidade pode exercer no processo de desenvolvimento científico e tecnológico, é preciso que se visualize a gama de instituições que intervêm no processo de geração, difusão e utilização de conhecimento. De maneira geral pode-se distinguir três categorias de instituições: instituições que cumprem funções de orientação e direção central e instituições que cumprem funções operativas, e instituições que cumprem funções de inter-relação. As primeiras determinam traços gerais da política, coordenam a execução de atividades e cumprem tarefas de promoção. As segundas realizam atividades científicas e tecnológicas que geram e modificam os fluxos de conhecimento, bem como atividades que permitem que tal fluxo se materialize e chegue aos usuários. Ao terceiro grupo de instituições cumpre a função de ligar as organizações que geram e modificam conhecimentos com os usuários, e além disso relacionam o sistema científico e tecnológico com as fontes de recursos humanos, financeiros e materiais.

O Quadro 7 apresenta uma relação ilustrativa das instituições contidas em cada uma das três categorias. Esta lista não pretende ser exaustiva nem situar cada instituição em uma categoria. Só indica a gama de possíveis organizações que estão envolvidas na geração e modificação de conhecimentos, sua distribuição e utilização, e na orientação de atividades científicas e tecnológicas. No rol de instituições mencionado pode-se observar que a universidade é uma entre as muitas que participam do sistema científico e tecnológico, e que em princípio não há razão alguma para que ela exerça o papel dominante em tal sistema. Voltaremos a este tema mais adiante.

1. *Funções de orientação central*
   a. Política e planejamento:
      - ministérios de ciência e tecnologia.
      - conselhos nacionais de ciência e tecnologia.
      - comissões de assessoria a nível do gabinete ministerial, primeiro-ministro ou presidência.
      - escritórios nacionais de ciência e tecnologia.
      - conselhos de pesquisa.

   b. Coordenação e promoção:
      - academias nacionais de ciências.
      - outras academias nacionais (engenharia, medicina etc.).
      - associações para o avanço da ciência.
      - fundos nacionais e setoriais para pesquisa e desenvolvimento.
      - associações profissionais.
      - fundações (nacionais e estrangeiras).

2. *Funções operacionais*
   a. Realizar atividades científicas e tecnológicas:
      - centros universitários.
      - institutos independentes de pesquisa e desenvolvimento.
      - organizações cooperativas de pesquisa.
      - centros de pesquisa em órgãos governamentais.
      - centros de pesquisa nas empresas (locais e estrangeiras).
      - laboratórios de pesquisa e desenvolvimento industrial.
      - academias de ciência e tecnologia.

   b. Proporcionar apoio e serviços:
      - laboratórios nacionais.
      - centros de informação e documentação.
      - laboratórios de metrologia.
      - organizações para prospecção de recursos.
      - observatórios astronômicos e meteorológicos.
      - institutos de normas técnicas e especificações.
      - bibliotecas.
      - museus.
      - centros de produtividade e controle de qualidade.
      - escritórios de patentes.
      - organizações para controlar a importação de tecnologia.

3. *Funções de inter-relação*
   a. Relacionar os produtores com os usuários do conhecimento:
      - empresas de engenharia de projetos.
      - bancos de desenvolvimento e organizações que financiam a incorporação de novas tecnologias ao sistema produtivo.
      - firmas de consultoria especializadas.
      - serviços de extensão.

   b. Relacionar o sistema científico e tecnológico com as fontes de recursos humanos qualificados:
      - universidades.
      - organizações e programas de bolsas de estudo.
      - instituições especializadas de ensino.
      - organizações de assistência técnica (nacional e internacional).

## 2. Instituições Dedicadas à Produção e Modificação de Conhecimentos

As atividades de produção e modificação de conhecimentos são o eixo central ao redor do qual se desenvolve uma capacidade científica e tecnológica própria.

Em princípio é possível identificar cinco tipos de unidades de organizações que as realizam:

a) unidades docentes de pesquisa;
b) unidades de pesquisa básica orientada;
c) unidades de pesquisa orientada para a ação;
d) unidades de pesquisa nas empresas e outros usuários;
e) unidades para a participação popular na pesquisa.

Esta tipologia baseia-se em critérios de ordem funcional e não implica necessariamente determinada unidade institucional. Por exemplo, uma unidade de pesquisa básica orientada pode estar localizada na universidade, em uma entidade governamental, ou ser autônoma. De forma análoga um centro docente de pesquisa não deve estar necessariamente localizado na universidade, pois há organismos independentes que podem realizar simultaneamente trabalhos de pesquisa e magistério.

### 2.1. Unidades Docentes de Pesquisa

O postulado básico deste tipo de unidade de pesquisa é que o ensino e a preparação de cientistas e profissionais têm primazia sobre as tarefas de pesquisa. A missão destes centros é preparar recursos humanos qualificados, para o que se utiliza a participação ativa em pesquisa e desenvolvimento como instrumento pedagógico. Neste tipo de unidade põe-se em prática o princípio que assinala que o modo mais efetivo de aquisição de conhecimentos é a participação ativa em tarefas de pesquisa científica e tecnológica, sob a orientação de um professor ou tutor com maiores conhecimentos e experiências no tema.

É importante distinguir entre duas modalidades de ação das unidades docentes de pesquisa. Em primeiro lugar tem-se aquelas *unidades de pesquisa associadas ao ensino de graduação*. Aqui procura-se imbuir os estudantes de um espírito crítico e colocar a seu alcance os princípios básicos do método científico através de sua aplicação em situações concretas. A pesquisa associada ao ensino de graduação deve ser só um meio de preparar os profissionais que contribuirão para o esforço de desenvolvimento e não um fim em si mesma. Por esta razão é necessário enfatizar a pesquisa em ciências sociais, que pode servir a um duplo propósito no ensino de graduação: familiarizar os estudantes com o método científico e conscientizá-lo dos processos sociais que os rodeiam, sobre os quais é preciso que adquiram uma capacidade crítica de reflexão.

Em segundo lugar tem-se as *unidades de pesquisa associadas ao ensino de pós-graduação*. Neste caso trata-se de preparar profissionais com o fim específico de realizar pesquisa. Os recursos humanos com os quais conta o sistema científico e tecnológico provêm, com raras exceções, dos centros universitários de ensino e pesquisa de pós-graduação. A pesquisa pode abranger uma ampla gama de campos, desde a pesquisa básica não-orientada (matemática, biologia etc.) até programas de pesquisa para resolver problemas específicos em medicina, utilização de recursos naturais e outras áreas similares. A ênfase central neste tipo de unidade de pesquisa recai na *preparação de pessoal altamente qualificado* para o sistema científico e tecnológico, utilizando os programas de pesquisa e a participação de estudantes graduados como um meio para isso.

A primeira modalidade pode ser colocada em prática através de programas de pesquisa em ciências sociais (sociologia, economia, antropologia etc.) nos quais os estudantes teriam sob sua responsabilidade o recolhimento, processamento e análise de dados sob a orientação de um docente. Além de aprender pesquisando, os estudantes contribuiriam para um maior conhecimento da realidade social do país. É possível também organizar grupos multidisciplinares de estudantes que realizem tarefas concretas de recopilação de dados, interpretação de resultados, e comparação de informação sobre agricultura, recursos hídricos, riquezas minerais etc., em lugares remotos do país sobre os quais se tem muito pouco conhecimento. Estes grupos multidisciplinares poderiam prestar ainda ajuda técnica aos povos destas zonas em problemas cuja solução se encontre ao alcance dos conhecimentos dos estudantes universitários dirigidos por um professor.

A segunda modalidade é executada na prática através dos centros de pesquisa de pós-graduação nas universidades, os quais contam com certa tradição na América Latina, já que a maioria da pesquisa científica e tecnológica tem-se realizado em centros universitários de pós-graduação.

## 2.2. Unidades de Pesquisa Básica Orientada

O postulado básico que rege o funcionamento destas unidades é dar prioridade à pesquisa e ao avanço de conhecimentos no sentido mais amplo, levando em conta as necessidades de conhecimentos científicos e tecnológicos a longo prazo. A preparação de recursos humanos qualificados é um subproduto da geração de conhecimentos. As áreas onde trabalharia uma unidade deste tipo estariam subordinadas à visão do futuro a longo prazo e à estratégia que se tenha traçada para alcançá-las, às necessidades internas de conhecimentos que gera o sistema científico e tecnológico e à necessidade de atuar como elo de ligação entre as comunidades científicas nacional e internacional.

No primeiro caso tratar-se-ia de identificar áreas-problemas para cuja solução deve-se contar com uma capacidade científica e tecnológica própria. Por exemplo, se a estratégia de desenvolvimento a longo prazo julgar importante a utilização intensiva dos recursos marinhos, depreende-se a necessidade de realizar pesquisa básica sobre biologia marinha, hábitos de consumo de produtos do mar, e existência de riquezas minerais na plataforma continental. No caso da estratégia de desenvolvimento prever um aumento considerável da urbanização, seria necessário empreender pesquisas sobre o comportamento de migrantes de zonas rurais para zonas urbanas, a possível estrutura do emprego e as fontes que o gerariam, e as mudanças de valores e modificações que surgiriam de uma urbanização maciça. Desta forma vincular-se-ia o desenvolvimento de uma capacidade científica e tecnológica a longo prazo a uma problemática identificada na estratégia de desenvolvimento.

Um segundo grupo de temas de pesquisa deriva-se das necessidades de conhecimento básico que apresentem outras instituições no sistema científico e tecnológico. Por exemplo, alguns programas de pesquisa aplicada em metalurgia podem exigir pesquisa básica na área de física do estado sólido, e neste caso uma dada unidade de pesquisa básica orientada atuaria como um recurso à disposição de outros tipos de unidades de pesquisa. No caso das ciências sociais pode-se assinalar o exemplo de estudos sociológicos e antropológicos que requerem conhecimentos básicos em matemática, tais como a teoria de redes e garfos.

Por último, os temas de pesquisa que se originam da necessidade de unir a comunidade científica nacional e a internacional dependem da estrutura da atividade científica e tecnológica no país. Por exemplo, no caso de não existir uma capacidade interna no campo da pesquisa nuclear, uma unidade de pesquisa básica orientada poderia realizar pesquisas teóricas que permitiriam apreciar e entender os avanços gerados na comunidade científica internacional.

Um efeito secundário da atividade destas unidades seria preparar recursos humanos altamente qualificados através dos programas de pesquisa, utilizando de preferência estudantes de pós-graduação.

## 2.3. Unidades de Pesquisa Orientada para a Ação

A principal função deste tipo de unidade é fornecer os conhecimentos requeridos pelas atividades sociais produtivas diretamente ligadas à estratégia de desenvolvimento. Os temas de pesquisa surgem de problemas reais para os quais não existe resposta comprovada ou planos para sua solução. Estas áreas-problemas podem ocorrer tanto no âmbito das ciências sociais quanto no das ciências físicas e naturais, e conter campos tão variados como a melhoria de meios na administração pública, a utilização de madeiras em bosques tropicais, o desenvolvimento de novos métodos de concentração de minerais, e a realização de pesquisas que levem a estabelecer políticas de desenvolvimento.

Duas funções subsidiárias deste tipo de unidade seriam as de preparar pessoal qualificado para dirigir programas de pesquisa orientada para a ação, e a de reciclar profissionais nas esferas pública e privada, atualizando seus conhecimentos através de sua participação em programas de pesquisa. Outra função deste tipo de unidade seria participar ativamente dos processos de transferência de tecnologia proveniente do exterior, buscando a maneira mais eficaz de fixar os conhecimentos importados.

Este tipo de unidade de pesquisa deve preencher o vazio que existe entre a produção de conhecimentos básicos ou potencialmente utilizáveis — sejam estes gerados pelos dois primeiros tipos de unidades de pesquisa ou importados — e as tarefas de pesquisa que põem o conhecimento diretamente à disposição dos usuários. No entanto, não se trata aqui de realizar trabalhos de consultoria ou de caráter rotineiro. Este tipo de unidades não deveria efetuar a mesma pesquisa duas vezes, mas sim identificar continuamente novas áreas-problemas.

Na América Latina não existe uma tradição significativa em centros de pesquisa orientada para a ação. O conceito academicista e cientificista da pesquisa a tem mantido em grande parte alijada dos problemas derivados do processo de desenvolvimento. Trist[1] identificou a emergência deste tipo de cen-

---

1. ERIC TRIST, "Science Policy and the Organization of Research in the Social Sciences", *Main Trends of Research in the Social and Human Sciences,* Paris, Mouton/ UNESCO, 1970.

tros a nível mundial, nos últimos vinte anos, com a característica mais significativa na evolução da pesquisa em ciências sociais, extrapolando suas conclusões para a área das ciências físicas e naturais. Este tipo de centro requer o máximo apoio nos países da América Latina atualmente.

## 2.4. Unidades de Pesquisa nas Empresas e outros Usuários

Estas unidades têm como função principal resolver os problemas imediatos que os usuários do conhecimento científico e tecnológico enfrentam. O caráter da pesquisa realizada por estes centros é utilitário e oferece um menor conteúdo de conhecimentos novos que os outros tipos de pesquisa mencionados até o momento. Sua função central é permitir às unidades produtivas privadas e governamentais realizarem suas funções com maior efetividade.

Os programas típicos de unidade de pesquisa numa empresa seriam aqueles destinados a melhorar os processos de manufatura, a qualidade de produtos, e o uso de matérias-primas. Dada a debilidade relativa da pesquisa e a demanda de tecnologia local a nível de usuário, existe um número relativamente reduzido de unidades de pesquisa deste tipo na América Latina. Tal situação só poderia ser modificada se se gerasse uma demanda de pesquisa e desenvolvimento a nível de empresas e do governo, o que requer importantes modificações na estrutura produtiva e na orientação das atividades das agências governamentais.

## 2.5. Unidades para a Participação Popular na Pesquisa

O postulado básico deste tipo de unidade é que existe uma grande capacidade de gerar conhecimentos tecnológicos (particularmente os que se referem a inovações menores) constituída pelos conhecimentos práticos e pela experiência adquirida pela maior parte da força de trabalho, e que esta capacidade não tem sido aproveitada efetivamente até o momento. A falta de rigor, de destreza conceitual, e de habilidades de comunicação — assim como a falta de atenção prestada pelos profissionais — não têm permitido aos trabalhadores canalizarem diretamente sua experiência e conhecimentos práticos para a solução de problemas-conceitos. No entanto, seria possível superar estas deficiências através do apoio que lhes possam prestar profissionais e cientistas organizados em unidades para a participação popular na pesquisa.

Aqui se trata de estruturar, seja a nível de empresa, de conjunto de empresas, de cooperativas ou outro tipo de organização social, formas de canalizar a inventividade individual para incorporá-la aos processos sociais e produtivos. Um exemplo seria dado por organizações formais ou informais que permitam aos trabalhadores na indústria sugerir e submeter ao exame de seus companheiros e dos quadros técnicos da empresa modificações na rotina que tenha sido assinalada na atividade que está a seu cargo. As estratégias de desenvolvimento que envolvem maior participação popular no manejo da economia e atividades produtivas devem considerar explicitamente a forma de aproveitar a capacidade inventiva dos trabalhadores na geração de conhecimentos tecnológicos. As unidades de participação popular na pesquisa seriam veículos através dos quais se poderia combinar a atividade inventiva derivada da experiência e os conhecimentos práticos dos trabalhadores, com a resultante de um treinamento rigoroso no método científico e sua aplicação sistemática à pesquisa.

Este tipo de centro de pesquisa é praticamente desconhecido na América Latina e só países como a China Popular[2], Noruega e Tcheco-Eslováquia têm feito experiências com eles.

Os cinco tipos de unidades de pesquisa descritos abrangem o campo das organizações que geram ou modificam o conhecimento científico e tecnológico, e podem ser encontrados com diferentes nomes em diferentes formas institucionais.

3. *O Papel da Universidade Latino-americana na Geração e Modificação de Conhecimentos*

Uma vez apresentado um esquema conceitual que descreve os tipos de unidades que geram e modificam conhecimentos como componentes de uma infra-estrutura institucional para ciência e tecnologia, é possível perguntar: qual é o papel da universidade latino-americana no processo de geração de uma capacidade em ciência e tecnologia, particularmente através da criação de uma infra-estrutura adequada para realizar atividades de pesquisa?

---

2. Sobre o caso da China ver o informe de G. DEAN, *Technology Policies in the People's Republic of China,* mimeografado, Escritório do Coordenador, Projeto STPI, Lima, 1976.

Existem alguma diferenças entre os educadores, profissionais e cientistas latino-americanos, que têm se ocupado deste problema, mas em geral todos concordam que a universidade pode e deve exercer o papel preponderante e dominante na criação de uma capacidade local em ciência e tecnologia. Darcy Ribeiro [3] considera que a universidade deve tomar uma posição ativa na criação e na difusão de conhecimentos tecnológicos ao falar da "universidade difusora".

Herrera [4], ao analisar as mudanças na sociedade peruana e as conseqüentes alterações que a universidade deve sofrer, propõe que cabe à universidade tomar a iniciativa na introdução de mudanças na estrutura científica e tecnológica nacional para orientá-la face aos problemas concretos do desenvolvimento. Sunkel [5] outorga à universidade o papel primordial de organismo orientador e executor da atividade científica nacional. Boeninger [6] torna sua a seguinte colocação do Conselho de Reitores do Chile:

... a universidade deve obrigatoriamente participar mais plenamente no campo da pesquisa aplicada e do desenvolvimento experimental, desde a análise dos princípios fundamentais da tecnologia, da confirmação de teorias existentes e de novos enunciados, até os estudos de desenvolvimento industrial, passando pela pesquisa em escala de prancheta e de plano piloto, projeto de equipamento e reatores, escolha de materiais etc. (p. 28).

Embora os autores que sustentam este ponto de vista não rejeitem explicitamente a utilização de outras formas institucionais para desenvolver a capacidade científica e tecnológica local, implicitamente descartam estruturas institucionais que não estão diretamente ligadas à universidade. A este respeito é importante mencionar que a pesquisa, por importante que seja, é apenas uma atividade secundária da universidade, cuja missão central é preparar profissionais e cientistas responsáveis, conscientes e que participem ativamente do processo desenvolvimento. Como assinalara Ortega y Gasset há mais de

3. DARCY RIBEIRO, "Política de Desarrollo Autónomo de la Universidad Latinoamericana" em A. HERRERA (ed.), *América Latina: Ciencia y Tecnología en el Desarrollo de la Sociedad*, Santiago de Chile, Ed. Universitaria, 1970.
4. A. HERRERA, *Bases para Planificar la Investigación Científica en la Universidad Peruana*, informe apresentado ao Conselho Nacional da Universidade Peruana, Lima, 1972.
5. O. SUNKEL, *Reforma Universitaria, Subdesarrollo, Dependencia*, Santiago do Chile, Ed. Universitaria, 1969.
6. E. BOENINGER, primeiro capítulo de *Hacia una Política de Desarrollo Científico y Tecnológico para Chile*, Santiago do Chile, Ed. Universitaria, 1972.

quarenta anos, nesta tarefa central de formação humana a pesquisa tem somente uma importância limitada [7]:

> Não se vê razão alguma... para que o homem médio (para quem deve estar dirigido o ensino superior universitário) necessite nem deva ser um homem cientista. Conseqüência escandalosa: a ciência em seu sentido próprio, isto é, a pesquisa científica não pertence de maneira imediata e constitutiva às funções primárias da universidade nem tem *nada a ver com estas* (p. 34).

Ortega y Gasset utiliza o conceito de ciência referindo-se estritamente à criação de conhecimentos e considera que sua situação na universidade está sujeita à função docente; isto é, deve-se fazer ciência na universidade apenas na medida em que ela contribua para as atividades docentes. Esta posição está muito longe de dar à universidade o papel central no desenvolvimento da capacidade científica e tecnológica.

A experiência de outros países fora da América Latina mostra uma variedade de regras institucionais para promover e realizar pesquisa e desenvolvimento. Nos países da Europa Oriental as academias de ciências e os institutos do Estado têm desempenhado papel preponderante na criação de conhecimentos científicos e tecnológicos. Nos países da Europa Ocidental e nos Estados Unidos, esta tarefa tem sido levada a cabo pela empresa privada, pelos institutos independentes, pelo governo, e em menor escala pela universidade [8].

Fora o fato de que historicamente a maioria da pesquisa científica e tecnológica na América Latina foi realizada na universidade, não existe justificativa alguma para outorgar à universidade, como instituição, o papel protagonista no desenvolvimento da infra-estrutura científica e tecnológica. Além disso, dado que a pesquisa universitária tradicionalmente esteve divorciada das estruturas produtivas e sociais, e que além disso a universidade está atravessando um período de transformação fundamental, em que sua missão central — a de preparar o novo homem latino-americano — está sendo questionada, criticada e reformulada, não se deve pretender que a universidade assuma a liderança e se converta na instituição dominante e reitora da infra-estrutura institucional para ciência e tecnologia.

7. JOSÉ ORTEGA Y GASSET, "Missión de la Universidad", in *El libro de las Misiones*, Madrid, Espasa-Calpe, 1959.
8. Sobre o tema da divisão interinstitucional de atividades científicas e tecnológicas ver ERIC TRIST, *op. cit.*, e H. FRIIS, "Division of Work Between Universities, Independent Institutes and Government Departments", *Social Sciences Information*, v. 5 (1966), pp. 5-11.

Já foi destacada a importância que uma capacidade própria em ciência e tecnologia tem para a superação da condição de subdesenvolvimento. Dá-se por estabelecida a importância que a formação do novo homem latino-americano, com uma cultura própria, com uma consciência clara de sua condição de dependência, e com uma visão realista e decidida de seu futuro, tem para conseguir implantar e consolidar o processo de desenvolvimento na América Latina. Não é possível esperar que ambas as tarefas sejam totalmente executadas por uma só instituição, e a segunda delas tem prioridade como missão da universidade latino-americana.

Cumpre apontar que isto não significa o abandono da pesquisa pela universidade, nem a submissão desta à função docente levaria a uma universidade de "segunda categoria". Já foi indicado o papel instrumental que a pesquisa científica e tecnológica exerce na atividade docente. O que implica esta posição é que a instituição líder no desenvolvimento de uma capacidade científica e tecnológica não deve ser a universidade, senão que é preciso implantar e desenvolver novas formas institucionais, com o apoio da universidade, para gerar o mais breve possível uma capacidade local em ciência e tecnologia [9].

Voltando aos tipos de unidades de pesquisa que foram mencionados anteriormente, é possível outorgar prioridades à ação da universidade no desenvolvimento de uma infra-estrutura para ciência e tecnologia. Em primeiro lugar é preciso estabelecer que a universidade deve cumprir um duplo papel com relação à criação dos diferentes tipos de unidades. Em alguns casos tratará de desenvolvê-los dentro do limite institucional universitário, e em outros casos promoverá ativamente a criação de unidades fora da universidade, mesmo quando isto represente uma aparente perda de recursos e pesquisadores.

A primeira prioridade para a ação universitária deve estar orientada em direção à criação de centros docentes de pesquisa de graduação. Isto é consistente e compatível com a missão central da universidade; ademais, levá-la-á a cumprir tal missão com maior efetividade. Isto implica incluir a atividade de pesquisa como parte integrante do currículo universitário

---

9. Um dos poucos autores que sustentam uma posição análoga à estabelecida aqui é Edmundo Fuenzalida. Ver "La Universidad Chilena no Debe Hacer Investigación Científica", em *Desarrollo Científico-Tecnológico y Universidad,* Santiago de Chile, Edições CPU, 1974.

de graduação. Varsavsky[10] propôs uma forma pela qual este esquema poderia ser levado a cabo no sistema da universidade peruana.

A segunda prioridade corresponde ao apoio que a universidade deve prestar à criação e consolidação de unidades de pesquisa orientadas para a ação *fora do limite institucional universitário*. Isto implica não só o apoio político e de opinião que deve prestar a universidade a tais unidades, mas também a predisposição da universidade em ceder-lhes parte de seu pessoal e recursos. A missão primária das unidades de pesquisa orientadas para a ação é criar o conhecimento científico e tecnológico necessário à produção e aos serviços sociais. A missão central da universidade é formar quadros capacitados para participar ativamente no processo de desenvolvimento. As estruturas organizativas, a estabilidade interna, a relevância de posições ideológicas, a ênfase na participação individual e coletiva, o horizonte temporal de ação, e muitos outros fatores, mostram diferenças significativas no gênero de instituições que deve cumprir as missões de produzir conhecimentos orientados para a ação e de preparar o novo homem latino-americano. Portanto, não se pode esperar que uma mesma instituição realize as duas funções eficientemente.

Com uma visão deformada, o apoio à criação de centros de pesquisa fora das universidades, mesmo à custa de recursos próprios, pode parecer uma estratégia equivocada para a universidade latino-americana. Com uma perspectiva de maior alcance este não é o caso. Em primeiro lugar, ao apoiar efetivamente este tipo de unidades, a universidade estaria cumprindo uma de suas funções secundárias: promover o desenvolvimento da ciência e tecnologia no país. Em segundo lugar, ao separar as tarefas docentes das tarefas de pesquisa orientada para a ação, a universidade estaria se concentrando em sua missão fundamental de docência e portanto poderia dedicar-lhe maior esforço e atenção. Em terceiro lugar, ao promover diretamente a criação deste tipo de instituições, a universidade estaria forjando laços interinstitucionais que lhe permitiriam contar com os recursos destes centros, seja através da participação de seus pesquisadores como professores em tempo parcial, da utilização de seus equipamentos e instalações, das demandas de pesquisa fundamental e do apoio financeiro que tais centros poderiam dar à universidade, seja através da

---

10. O. VARSAVSKY, *Criterios para una Política de Desarrollo Universitario*, informe apresentado ao Conselho Nacional da Universidade Peruana, Lima, 1972.

participação de estudantes nas atividades de pesquisa destas unidades[11].

Além da ação puramente universitária, as unidades de pesquisa orientadas para a ação devem contar com mais apoio do governo e dos órgãos de política científica e tecnológica. Sua importância é primordial dada sua possível contribuição ao processo de desenvolvimento latino-americano e devido ao vazio que se observa entre a pesquisa básica realizada na atualidade e as necessidades urgentes que o processo de desenvolvimento gera.

A terceira prioridade para a ação universitária deve permitir a criação e o esforço dos centros de pesquisa docente de pós-graduação. É aqui que se encontra a maior capacidade instalada de pesquisa na América Latina em termos de pesquisadores, equipamentos, e recursos financeiros. Dada a aparente proliferação de centros de pesquisa universitários, com dimensões menores da massa crítica mínima necessária, parece indispensável consolidar os existentes e realizar um trabalho de racionalização.

Finalmente, o fomento de unidades de pesquisa a nível de usuários e de unidades para a participação popular na pesquisa é uma tarefa de menor importância com respeito à universidade. Esta função corresponde aos organismos de política científica e tecnológica. A universidade poderia estudar os problemas associados à criação e ao fomento destas unidades, dando seu apoio aos organismos de política científica e tecnológica a fim de que estes tomem as medidas adequadas a respeito.

Uma das condições necessárias para alcançar o desenvolvimento de uma capacidade científica e tecnológica local é contar com uma infra-estrutura institucional adequada para levar a cabo todo tipo de atividades científicas e tecnológicas. À universidade corresponde um papel promotor importante no desenvolvimento de tal infra-estrutura. Todavia, não se trata unicamente de desenvolver a capacidade de pesquisa dentro da universidade, mas de buscar uma divisão interinstitucional do trabalho científico e tecnológico adequada. Isto implica deixar para as universidades as tarefas de pesquisa que se originam diretamente das necessidades docentes e promover a criação e consolidação de instituições fora da universidade que realizem a gama de atividades necessárias para que a ciên-

---

11. M. ROCHE no Cap. X de *La Ciencia entre Nosotros,* Caracas, Ediciones IVIC, 1968, traça algumas idéias sobre este tema e descreve sua experiência em vincular um instituto de pesquisa independente à universidade.

cia e a tecnologia contribuam de fato para o desenvolvimento. A universidade não tem por que ser a instituição dominante no desenvolvimento de uma capacidade científica e tecnológica na América Latina. Há outras formas institucionais que devem ser exploradas e promovidas.

## 8. AUTODETERMINAÇÃO TECNOLÓGICA E COOPERAÇÃO NO TERCEIRO MUNDO

### 1. Autodeterminação, Desenvolvimento e Tecnologia

Nos últimos dez anos a importância do conceito de autodeterminação (*self-reliance*) tem crescido na análise dos processos de desenvolvimento. Ainda que não haja um acordo claro sobre seu conteúdo preciso, vários esquemas foram propostos a fim de incorporar este conceito às estratégias de

* Este capítulo reproduz um estudo publicado em *Comercio Exterior* (México), julho de 1976, em *Estudios Internacionales*, v. 9 (1976), n. 33, pp. 47 – 61 e em *Indian Horizons*, v. XXV (1976), pp. 13 – 28.

desenvolvimento. As raízes intelectuais e políticas desta idéia abrangem mais de um século e têm aparecido em diferentes situações (considere-se o pensamento utópico de Owen e Saint-Simon sobre as comunidades autônomas), o que torna difícil identificar um sentido do termo que responda a uma teoria do desenvolvimento e que seja de aplicação geral.

Em uma resenha do conceito corrente de autodeterminação, Cardettini[1] procura suas origens até no pensamento de Mao e na filosofia de Ghandi, e faz ver que — seja como proposição político-filosófica, seja como componente de estratégias de desenvolvimento — ele tem se estendido a países tão distintos como Argélia, Peru, Índia, Cuba, Tanzânia, China e Costa do Marfim. A preocupação com o tema pode ter se originado na compreensão de que a ajuda exterior para o desenvolvimento resultava notoriamente insuficiente, no desejo de explorar um terceiro caminho para o desenvolvimento (nem comunista nem capitalista), ou nas tensões impostas por bloqueios políticos e econômicos. Cardettini conclui que autodeterminação é "uma palavra ilusoriamente fácil de definir" e demonstra a inadequação de algumas definições correntemente aceitas tais como "ater-se aos próprios meios" ou "confiar no esforço próprio", especialmente quando tais definições são utlizadas como diretrizes políticas. Por conseguinte, a fim de integrar o conceito de autodeterminação a uma estratégia de desenvolvimento, é necessário dar um conteúdo prático e concreto aos lineamentos de política que esse conceito implica. Isto deve ser feito para cada uma das áreas específicas de análise, tais como o financiamento, a produção de alimentos, ou a ciência e a tecnologia.

Com respeito à ciência e à tecnologia, a autodeterminação pode ser entendida em três sentidos diferentes:

a) Como a capacidade de tomar decisões autônomas em questões de tecnologia.

Este enfoque foi sugerido por diversos autores latino-americanos que consideram que a autonomia de decisão é uma condição prévia para o desenvolvimento da capacidade científica e tecnológica[2]. Neste caso não é imprescindível que a tecnologia adequada às necessidades do desenvolvimento se encontre no país. A autonomia de decisão se refere à capacidade de definir as necessidades tecnológicas, identificar as opções existentes em outros países (decompondo-as em seus ele-

1. O. CARDETTINI, *Technological Dependence/Self-reliance: An Introductory Statement*, Projeto STPI, Escritório do Coordenador de Campo, Peru, julho de 1976.
2. Ver, por exemplo, J. SÁBATO, *Ciencia, Tecnología, Desarrollo y Dependencia*, Tucumán, Editorial Mensaje, 1971.

mentos), e determinar qual é a melhor maneira de adquirir, incorporar e absorver tal tecnologia. Por sua vez, isto se relaciona com a capacidade de obter e elaborar a informação referente à tecnologia.

b) Como a capacidade de gerar de modo independente os elementos críticos do conhecimento técnico que são necessários à obtenção de um determinado produto ou processo.

Os produtos e os processos são compostos por muitos elementos do conhecimento técnico, alguns dos quais podem ser críticos porque são essenciais ou porque as dificuldades que existem em assegurar sua provisão (por exemplo, um catalisador num processo químico, certo desenho de um equipamento eletrônico etc.). Além de supor a autonomia de decisão, esta capacidade se relaciona estreitamente com o desenvolvimento da engenharia de projeto e não implica obrigatoriamente que a totalidade do "elemento crítico" deva ser produzida dentro do país. O que se necessita é a capacidade de projetar o processo e o produto (e em particular seus elementos críticos), de definir normas e especificações dos componentes que serão fabricados, e de montar tais componentes até integrar o projeto total.

c) Como a capacidade potencial autônoma de produzir, dentro do país, os bens e serviços considerados essenciais na estratégia de desenvolvimento.

Além da autonomia de decisão e da capacidade de gerar independentemente os elementos críticos da tecnologia, esta interpretação do conceito de autodeterminação abrange a capacidade de converter o conhecimento técnico disponível em bens e serviços. Neste sentido, um país poderia "depender de seus próprios meios" se se visse obrigado a fazê-lo, se bem que em condições normais não intentasse entrar em todas as atividades produtivas que é capaz de realizar.

A primeira interpretação do conceito de autodeterminação poderia estender-se a uma grande variedade de campos. É possível ter autonomia de decisão com respeito aos meios mais adequados para produzir determinado bem, mesmo quando a capacidade efetiva de produzi-lo não esteja a nosso alcance. Isto requer a disposição de um quadro de profissionais e técnicos com conhecimentos em cada área particular, bem como o acesso à informação que deve ser elaborada a fim de se chegar a uma decisão. O mesmo se pode dizer da segunda interpretação, porém o grau de conhecimentos e habilidades requeridos será muito maior e estará diretamente ligado à capacidade de engenharia de projetos. A terceira interpretação do conceito engloba as duas primeiras e pode ser alcançada apenas em poucas áreas selecionadas e diretamente vinculadas à estratégia de desenvolvimento. Neste caso deve-se dispor não só dos quadros e da informação mas também dos meios reais de produção (capacidade de engenharia e de direção, equipamentos e maquinaria, matérias-primas etc.) que permitam ao país atuar sem recorrer a fontes externas de abastecimento.

Ainda que estas interpretações do conceito de autodeterminação se refiram fundamentalmente à tecnologia, também se relacionam com a ciência. Na maior parte das áreas tecnológicas, especialmente nas que se desenvolvem rapidamente, cumpre realizar atividades científicas a fim de manter uma capacidade de decisão autônoma. É quase impossível seguir a evolução da tecnologia e ter uma percepção clara das alternativas e das opções disponíveis sem uma base de cientistas e profissionais ativos. Isto fica mais claro ainda quando a tecnologia se refere à realização de atividades específicas do país, para as quais não se hajam desenvolvido soluções apropriadas no exterior.

No entanto, é claro que o conceito de autodeterminação não se aplica à pesquisa científica como tal. As ciências físicas, naturais e exatas, consideradas como processos de geração de conhecimentos, são atividades internacionais e suas metodologias, normas e princípios, bem como suas descobertas, têm validade geral. Neste sentido, nenhum país pode depender de si mesmo em matéria científica. É por isso que, ao nos referirmos à ciência, falamos do desenvolvimento de capacidades científicas que forneçam uma base para a autodeterminação tecnológica.

Quando se fala de autodeterminação tecnológica não se deve esquecer a perspectiva mais ampla na qual está inserida. Para que um país subdesenvolvido possa seguir uma política autodeterminada em matéria tecnológica — ou em qualquer outro campo — um sólido compromisso político e certas transformações sócio-econômicas internas são imprescindíveis.

Uma condição prévia para a autodeterminação é ter um grau significativo de autocontrole ou independência nacional, entendendo-se por isto a liberdade de fixar objetivos nacionais e de escolher os meios para alcançá-los. Isto implica um ato político de afirmação e a possibilidade de mantê-lo — neutralizando interferências externas e internas — durante todo o tempo necessário para consolidar as transformações e fixar as bases da estrutura sócio-econômica que se deseja alcançar. Este ato de afirmação deve incluir medidas que permitam regular os investimentos, modificar as pautas de consumo, dirigir a orientação das atividades sociais produtivas, e determinar o uso dos recursos naturais[3].

Tais medidas são fundamentais para seguir uma política de autodeterminação em matéria de ciência e tecnologia. Os padrões de investimento, consumo, orientação das atividades e utilização dos recursos determinam a natureza da demanda de conhecimentos científicos e tecnológicos. Portanto, não é possível a autodeterminação em matéria tecnológica se se postulam políticas muito diversas para outras áreas da estratégia de desenvolvimento. Todos estes fatores devem se harmonizar em um estilo coerente de desenvolvimento e em sua estratégia, que determinará até que ponto tem sentido uma política de autodeterminação tecnológica[4].

## 2. As Transformações na Ordem Internacional e suas Conseqüências na Autodeterminação Tecnológica

O aparecimento do subdesenvolvimento como fenômeno histórico foi caracterizado por Celso Furtado[5] nos seguintes termos:

> Como conseqüência da rápida difusão de novos métodos de produção a partir de um pequeno número de centros que irradiam inovações tecnológicas, tem surgido um processo que tende a criar um sistema econômico mundial. É assim que o subdesenvolvimento é considerado uma conseqüência do desenvolvimento, ou melhor, uma conseqüência do efeito dos processos técnicos e da divisão internacional do trabalho imposta pelas poucas sociedades que levaram a cabo a Revolução Industrial no século XIX. As relações que resultaram entre esta sociedade e as zonas subdesenvolvidas incluem formas de dependência difíceis de superar.
> 
> Inicialmente, a dependência se apoiava em uma divisão internacional do trabalho, segundo a qual os centros dominantes reservavam para si as atividades econômicas que concentravam o progresso técnico. Na fase seguinte, a dependência se manteve mediante o controle da assimilação de novos processos tecnológicos, através da instalação de atividades produtivas no seio das economias dependentes, sempre sob o controle de grupos integrados às economias dominantes (p. XVI).

3. Para o caso do Peru, estes conceitos são desenvolvidos em J. BRAVO BRESANI, F. SAGASTI e A. SALAZAR BONDY, *El Reto del Peru en la Perspectiva del Tercer Mundo,* Lima, Moncloa Editores, 1972.

4. Para interpretações da autodeterminação em um contexto mais amplo, ver a *Declaración de Cocoyoc,* PNUMA UNCTAD, outubro de 1974, em *Comercio Exterior,* México, janeiro de 1975, pp. 20-24; *Qué Hacer,* informe da Fundação Dag Hammarskjold, Uppsala, junho de 1975, e o informe final do simpósio Pugwash sobre *Self-reliance and Alternative Development Strategies,* Dar-es-Salaam, junho de 1975.

5. CELSO FURTADO, *Obstacles to Development in Latin América,* New York, Anchor Books, 1970.

Há provas de que a natureza uo processo descrito por Furtado com respeito às relações entre economias dominantes e dominadas continua e evolui a um ritmo acelerado. A fase seguinte deste processo consiste em uma deslocação para o controle dos recursos financeiros[6], e na atualidade assistimos à transição para o uso do conhecimento tecnológico como o instrumento principal para manter as relações de dominação. Desta maneira, os meios de controle dos países desenvolvidos sobre os subdesenvolvidos tem-se deslocado das matérias-primas para os equipamentos produtivos, para o capital e os recursos financeiros, e no momento para a tecnologia. Neste processo de mutação das relações de dominação, a tecnologia sempre se manteve atrás como um fator condicionante, mas na atualidade aparece finalmente a descoberto, em parte devido à dinâmica interna da evolução do sistema econômico capitalista, e em parte como resultado do crescente controle dos países subdesenvolvidos sobre os meios através dos quais os países desenvolvidos exerciam sua dominação no passado.

O grau atingido por esta transformação das relações de dominação pode ser apreciado nos fragmentos de discursos pronunciados por líderes dos países ocidentais industrializados. Dirigindo-se à Assembléia Geral da Organização dos Estados Americanos (20 de abril de 1974), o Secretário de Estado norte-americano, Henry Kissinger, disse:

A *transferência de ciência e tecnologia* pode constituir um estrangulamento ainda mais importante que o capital no esforço pelo desenvolvimento. *Como nação tecnologicamente adiantada*, os Estados Unidos reconhecem ter uma responsabilidade especial neste sentido. Acreditamos que, normalmente, o veículo mais eficiente para a transferência em grande escala destes recursos é o investimento privado, mas os governos podem facilitar a transferência de tecnologia avançada para estimular um desenvolvimento equilibrado [grifo nosso].

As proposições do Secretário de Estado norte-americano na sétima Assembléia extraordinária das Nações Unidas (setembro de 1975) e na quarta Conferência da UNCTAD em Nairobi (maio de 1976) ampliaram as declarações, propondo um programa de trabalho nesse sentido.

Em um discurso pronunciado numa sessão do Parlamento Europeu em princípios de 1975, o Senhor Ortoli, presidente da Comissão das Comunidades Européias, expressou:

Ao mesmo tempo que continuamos com a ajuda financeira que é indispensável certos países, onde quer que seja possível, devemos tra-

---

6. Ver M. C. TAVARES, *Da Substituição de Importações ao Capitalismo Financeiro*, Rio de Janeiro, Zahar Editores, 1972.

balhar por uma cooperação apoiada em vínculos econômicos a longo prazo, que constituem um instrumento de progresso e solidariedade melhor que qualquer tratado. Respeitando os objetivos próprios de nossos sócios, *deveríamos unir nossa tecnologia e nosso conhecimento práticos (know-how)*, nossos mercados, em alguns casos nosso capital e nossos produtos — em especial os agrícolas — com os recursos de nossos sócios e com seus desejos de aproveitar a nova situação para seu desenvolvimento [grifo nosso].

Ambas as declarações constituem um indício da preeminência que a tecnologia adquirirá nos próximos anos, especialmente à medida que os países do Terceiro Mundo aumentem o controle sobre seus próprios recursos naturais. Haverá uma tendência em utilizar o acesso à tecnologia como a alavanca principal nas relações de dominação entre os hemisférios norte e sul, com a utilização subsidiária dos alimentos e, em alguns casos, do capital, como complementos[7].

Nestas circunstâncias, não se pode subestimar a importância da autodeterminação tecnológica. Há uma urgente necessidade de adotar medidas que forneçam aos países do Terceiro Mundo um mínimo de meios para enfrentar esta nova situação. Na realidade, a possibilidade de seguir um caminho independente rumo ao desenvolvimento estará determinado pelo grau de autodeterminação tecnológica de cada país. Esta situação exige o estabelecimento de uma estratégia global para a autodeterminação tecnológica, definindo as áreas onde se aplicará cada uma das diferentes interpretações do conceito, suas inter-relações e o tempo necessário para alcançá-las.

Vimos que buscar a autodeterminação tecnológica não tem sentido fora do contexto de um estilo e de uma estratégia autônomos para o desenvolvimento. Portanto, os temas da autodeterminação tecnológica e os estilos alternativos de desenvolvimento interagem mutuamente, a um grau tal que não podem ser analisados de forma independente.

A autodeterminação tecnológica é incompatível com um estilo de desenvolvimento que mantenha as modalidades atuais de investimento dos países subdesenvolvidos no sistema econômico mundial. Só pode ser atingido de modo cabal no limite de um estilo e de uma estratégia de desenvolvimento que modifiquem de maneira significativa a posição internacional de um país. Todavia, para alcançar as mudanças que permitam

---

7. Sobre estes temas ver M. HALTY, *Toward a New Technological Order?*, apresentado perante o Seminário da OCDE sobre Ciência, Tecnologia e Desenvolvimento em um Mundo Cambiante, Paris, abril de 1975.

aos países menos desenvolvidos seguir seu próprio caminho para o desenvolvimento, requer-se uma ação modesta, porque a maioria deles não dispõe por si mesmos dos meios para conseguir as mudanças indispensáveis na situação internacional: são necessários esforços coletivos para seguir estratégias de desenvolvimento independentes.

Haveria uma aparente contradição na necessidade de colaborar com outros na busca da autodeterminação. Não obstante, esta contradição desaparece se se entende a colaboração como um processo de concorrência de esforços entre os países que possuem os mesmos interesses básicos, isto é, os países subdesenvolvidos. De início, toda forma de aliança implica certas limitações à liberdade individual, mas estas limitações não têm por que interferir na orientação principal escolhida por cada país para seu próprio processo de desenvolvimento.

Em suma, alcançar autodeterminação em matéria de tecnologia requer que seja seguida uma estratégia de desenvolvimento independente. Ao mesmo tempo, a autodeterminação tecnológica condiciona a possibilidade de trilhar uma estratégia independente de desenvolvimento. Ambas implicam a necessidade de romper as modalidades de investimento dependente de um país na economia mundial e a busca de novas formas de se vincular a ela. Finalmente, as mudanças significativas nas formas de investimento dos países subdesenvolvidos só podem ser obtidas a partir de uma ação harmônica entre todos os que tenham algo a ganhar com tais mudanças. Isto é um argumento poderoso para estimular a cooperação entre os países subdesenvolvidos, especialmente no que se refere à procura da autodeterminação tecnológica.

## 3. *A Distribuição do Esforço Científico e Tecnológico e seu Efeito na Autodeterminação*

Na segunda metade do século XX pôde-se observar um processo de concentração das fontes de transformação tecnológica que – num ritmo cada vez mais acelerado – é imposto a nível mundial por um número relativamente pequeno de países avançados e grandes empresas. As características deste processo são: (a) um alto grau de interdependência entre os interesses militares e as empresas industriais (às quais se associam na década de 60 à indústria espacial), que altera a natureza do progresso tecnológico, e (b) a interconexão cada vez maior entre a pesquisa científica e os interesses próprios do desenvolvimento de grandes empresas transnacionais, uma das características centrais do que é chamado o "Sistema Industrial Global". Ambas as características indicam que a taxa e a direção atuais da mudança tecnológica estão determinadas, em larga escala, por interesses que não têm nada a ver com as aspirações e metas dos países subdesenvolvidos. Ademais, está se chegando a um grau de concentração tão alto que um número relativamente pequeno de dirigentes de grandes companhias e de funcionários governamentais de países desenvolvidos podem exercer uma influência decisiva na natureza da mudança técnica no âmbito mundial

Ao mesmo tempo que prossegue este processo de concentração, aumenta a massa crítica mínima necessária para que um esforço científico e tecnológico seja viável. Apoiado em um número mínimo de institutos de pesquisa de diferentes tipos, Herrera[8] chegou à conclusão de que para sustentar, em 1970, um sistema científico e tecnológico seria necessário um mínimo de 100 milhões de dólares norte-americanos. Não incluía no seu cálculo o custo da transformação dos resultados da pesquisa em produtos ou processos e não há dúvida de que desde essa época o custo das atividades científicas e tecnológicas tenha aumentado. De acordo com outras estimativas, um limiar mínimo de gastos é fixado para obter um sistema científico e viável em 1% do produto nacional bruto. Estas cifras só dão uma idéia geral sobre os requisitos mínimos e indicam que, hoje, são poucos os países subdesenvolvidos que possuem a capacidade de entrar na construção de um sistema científico e tecnológico viável. Quando se analisam as cifras sobre necessidades de recursos humanos qualificados, chega-se a conclusões análogas.

Além disso, devido ao reduzido tamanho do mercado interno da maioria dos países subdesenvolvidos, há também limitações ao poder de negociação que estes podem dispor quando tratam com os vendedores de tecnologia de países desenvolvidos. Por outro lado, os altos custos e a dificuldade de obter acesso às fontes de informação, que melhorariam suas capacidades de negociação, praticamente impossibilitam à maioria dos países subdesenvolvidos adquirir por sua conta a informação pertinente.

As necessidades de alterar a distribuição mundial de recursos dedicados à ciência e à tecnologia e de romper o alto grau de concentração das fontes de mudança tecnológica; de superar a massa crítica mínima necessária para se ter sistemas científicos e tecnológicos viáveis; e de melhorar a capacidade

8. A. HERRERA, *Ciencia y Política en América Latina*, México, Siglo XXI Editores, 1971.

de negociação na aquisição de tecnologia, conduzem *ao imperativo da cooperação científica e tecnológica entre países subdesenvolvidos*. Será impossível seguir uma política de autodeterminação tecnológica, a não ser que se realize esta condição, já que os obstáculos que se apresentam são demasiado grandes para serem superados isoladamente.

A experiência tem demonstrado que os acordos de cooperação são relativamente fáceis de ser alcançados quando se referem a assuntos de natureza puramente científica, mas que se tornam mais difíceis quando implicam atividades científicas e tecnológicas que podem ter uma aplicação econômica direta. Portanto, a realização de programas conjuntos requererá um novo espírito de colaboração entre os países do Terceiro Mundo. Sobre esta base, as vantagens relativas que pode obter algum país a curto prazo devem ser consideradas como desequilíbrios temporais no caminho de um esforço coletivo rumo à autodeterminação tecnológica.

Só depois de atingido certo grau de coesão entre os países subdesenvolvidos através de acordos de colaboração concretos será possível dedicar-se ao processo de reestruturação das modalidades de investimento de um determinado país no sistema científico e tecnológico mundial. De fato, isto exige uma estratégia em duas etapas, na qual uma maior cooperação dentro do Terceiro Mundo aparece como condição prévia para alcançar novas formas de colaboração entre países subdesenvolvidos e desenvolvidos.

## 4. O Possível Conteúdo dos Acordos de Cooperação

Uma vez aceito o imperativo da cooperação no seio do Terceiro Mundo a fim de atingir a autodetedminação tecnológica, a tarefa seguinte é identificar as áreas adequadas à colaboração, obter compromissos políticos e determinar programas específicos. Eis algumas das áreas onde podem ser instituídos tais programas:

— Atividades onde é imprescindível contar com uma massa crítica mínima. Aqui se encontram as atividades de pesquisa e desenvolvimento para as quais é indispensável dispor de profissionais, equipamento e financiamento a certo nível, sem o que a atividade não é viável. Nestes campos é impossível intervir de modo isolado e um esforço de cooperação é indispensável.

— Atividades científicas e tecnológicas onde se apresentam economias de escala (sistemas de informação, programas de capacitação, utilização de capacidade de engenharia, pesquisa e desenvolvimento de tipo comum etc.). Neste caso a cooperação internacional não é absolutamente necessária, porém possui uma série de benefícios que a fazem muito aconselhável.

— Campos de atividades que requerem uma dimensão internacional para ter sentido. Aqui se incluem as ações conjuntas e de ordem comparativa, que carecem de significado ao se realizarem em um só país. Por exemplo, a implantação de sistemas de informação sobre termos e condições dos contratos de transferência tecnológica, que aumentariam a capacidade de negociação dos países compradores de tecnologia. Isto poderia ampliar-se até o estabelecimento de estratégias comuns de negociação com os vendedores de tecnologia e de composições em comum frente a empresas transnacionais, instituições financeiras multilaterais e outras organizações similares.

— Problemas comuns a mais de um país, vinculados a regiões geográficas que ultrapassam as fronteiras nacionais. Aqui se inclui a pesquisa referente a condições ecológicas, à exploração de recursos naturais, ao uso de bacias hidrográficas etc. Neste caso, a existência de um problema comum delineia a possibilidade de integrar os esforços dedicados às atividades científicas e tecnológicas.

— Grandes projetos nos quais é necessário compartilhar riscos entre vários países pela magnitude de recursos exigidos. Este tem sido o caso dos investimentos em energia nuclear, computadores, telecomunicações via satélite etc., onde poucos países, mesmo em condições de financiar o programa por si só, estão dispostos a correr o risco isoladamente.

Se a cooperação tecnológica ocorre em um contexto de integração econômica e política mais ampla, surgem campos adicionais para a colaboração internacional entre países menos desenvolvidos[9]. Neste caso se encontra a exploração comum de certas tecnologias que, por razões de escala, só são viáveis em termos de um mercado amplo. Podem ser incluídas aqui também a harmonização das políticas econômicas nacionais na procura da autodeterminação e na busca de tecnologia para projetos conjuntos de desenvolvimento econômico. A totalidade dos benefícios que implica o aumento da cooperação para a autodeterminação tecnológica só é evidente quando esta é considerada como parte integrante de um processo mais amplo de cooperação econômica e política.

9. Ver F. SAGASTI, "Integración Económica y Política Tecnológica, el Caso del Pacto Andino", *Comercio Exterior*, México, janeiro de 1975, e *Revista de la Integración* n. 18, Buenos Aires, janeiro-março de 1975.

Estabelecer um sistema de cooperação em questões de ciência e tecnologia pode exigir uma nova formulação de certos conceitos, tais como o de "região", que tem sido tradicionalmente utilizado para definir grupos entre os países subdesenvolvidos. Com respeito a um determinado problema, uma "região" poderia ser definida em termos da necessidade de encarar um programa conjunto para a solução de problemas tecnológicos específicos. Assim, uma "região" para a cooperação científica e tecnológica no Terceiro Mundo pode incluir países geograficamente afastados entre si, que não compartilham uma herança cultural e que possuam diferentes sistemas políticos. As características comuns que os agrupariam seriam o problema a resolver e o desejo de empreender conjuntamente a busca de soluções.

Outra área para a cooperação do Terceiro Mundo surge da necessidade de se enfrentar o acelerado processo de mudança tecnológica que é uma característica atual da evolução da economia mundial. Os países subdesenvolvidos recebem o impacto das mudanças tecnológicas sem compreender sua natureza, sem apreciar suas conseqüências, e inclusive sem se dar conta de que a direção que adota seu próprio desenvolvimento está condicionada em grande medida pela natureza e fontes da mudança tecnológica. Ainda que o exame do efeito social das mudanças tecnológicas seja perfeitamente factível, os países subdesenvolvidos raramente o têm feito detalhadamente. Instalam-se novas indústrias em zonas rurais sem uma compreensão adequada de suas conseqüências sociais e culturais; adotam-se métodos de comunicação e transportes sem avaliar seus efeitos indiretos; promove-se o transporte inter-regional e o desenvolvimento urbano sem levar em conta a dinâmica das interações entre a cidade e o campo; introduzem-se novas técnicas agrícolas sem examinar adequadamente sua relação com as pautas culturais e sociais existentes; estimula-se o turismo sem compreender os processos de transferência de valores implícitos que ele contém; e assim sucessivamente. Esta lista, que poderia se estender quase indefinidamente, indica que a autodeterminação requer o desenvolvimento da capacidade de avaliar os efeitos da mudança tecnológica. O desenvolvimento desta capacidade provavelmente excede os limites de uma ação isolada e desse modo proporciona uma razão a mais para aumentar a cooperação entre os países subdesenvolvidos.

No entanto, há também, muitos obstáculos para a organização de programas viáveis de cooperação entre países subdesenvolvidos. Amiúde a heterogeneidade dos regimes políticos e de suas orientações tem sido um impedimento importante, mesmo quando a cooperação se circunscreve a problemas científicos. A diferença dos níveis de desenvolvimento, especialmente no que se refere à ciência e à tecnologia, também dificulta a organização de programas de cooperação onde todos os participantes melhorem seus conhecimentos e seus níveis de habilidade em graus comparáveis. Estes dois fatores geram atritos que podem impedir o lançamento e a consolidação de acordos de cooperação. Ademais, muitos países do Terceiro Mundo estão sujeitos a pressões dos países industrializados, das organizações internacionais e instituições financeiras, de peritos estrangeiros provenientes de países adiantados, todos os quais perderiam certo grau de influência se estes programas de colaboração entre países subdesenvolvidos se expandisse de forma significativa. Finalmente, há também obstáculos que se originam da conduta das comunidades de cientistas e engenheiros do Terceiro Mundo, tais como a desconfiança com respeito a instituições e pesquisadores de outros países subdesenvolvidos (preferência por ligar-se a centros de estudos "avançados"), e o fato de que muitos dos privilégios destes grupos relacionam-se com viagens e estadias prolongadas nos países industrializados; por sua vez, isto pode ser um reflexo da "insuficiente descolonização da mente", como assinalou um cientista da Índia.

Portanto, toda estratégia que tenda a estender a cooperação entre os países subdesenvolvidos com o fim de alcançar a autodeterminação tecnológica deve ser gradual e flexível, aproveitando todas as oportunidades possíveis, porém sem perder de vista os obstáculos que podem frustrar as primeiras tentativas. O estabelecimento de uma tradição científica e técnica em qualquer país é um processo longo, que se faz mais demorado e difícil mesmo quando se adiciona a ele a dimensão da cooperação internacional.

5. *Um Esquema Possível de Organização da Cooperação do Terceiro Mundo para a Autodeterminação Tecnológica*

Há muitas maneiras de organizar a cooperação científica e técnica entre os países em vias de desenvolvimento[10]. A escolha e a estruturação de um determinado limite dependerão da natureza do problema de que se trate, da percepção dos interesses comuns por parte dos países que intervenham, do seu grau de compromisso político, e do nível de capacidade

---

10. Estes temas são examinados com mais detalhes em F. SAGASTI e M. GUERRERO, *El Desarrollo Científico y Tecnológico de América Latina,* Buenos Aires, BID/INTAL, 1974.

que se pode reunir. De acordo com o número de participantes e com a estrutura de suas relações, as modalidades de cooperação podem ser classificadas em: *a*) bilateral específica; *b*) bilateral ampla; *c*) multilateral específica; *d*) multilateral ampla; *e*) cooperação regional; e *f*) cooperação comunitária. Cada uma destas modalidades tem vantagens e desvantagens próprias, porque não há uma solução universal para organizar os esforços de cooperação.

Os programas bilaterais respondem aos interesses específicos de dois países específicos; pouca coisa se pode dizer de sua estrutura ou de sua conveniência como modelo geral. A cooperação regional e a comunitária dependem da existência de limites mais amplos de cooperação econômica regional ou comunitária, para os quais é necessária a existência de compromissos políticos que tenham um alcance maior. Portanto, concentrar-me-ei nos programas multilaterais.

As organizações internacionais multilaterais existentes, muitas das quais reúnem países desenvolvidos e subdesenvolvidos, cumprem funções úteis em várias áreas. No entanto, é preciso complementar suas atividades com novas formas de organização, mais flexíveis, que operem com custos menores e respondam mais direta e rapidamente às necessidades de cooperação entre os países subdesenvolvidos a fim de alcançar a autodeterminação tecnológica. Uma possibilidade seria a de estruturar um limite duplo que consistisse em um acordo geral de cooperação multilateral ampla, junto com vários acordos multilaterais específicos.

A idéia consistiria em estabelecer uma associação internacional onde participariam países subdesenvolvidos de todas as regiões do mundo[11]. A participação incluiria o compromisso de dividir os gastos para sustentar um pequeno grupo central de funcionários, cuja tarefa principal seria identificar, estruturar e colocar em andamento projetos científicos e tecnológicos de que se encarregariam os países membros. Os projetos poderiam abranger trabalhos de pesquisa, adaptação tecnológica, negociação com fornecedores de tecnologia, programas de capacitação e outras atividades vinculadas ao sucesso da autodeterminação tecnológica. Nem todos os países teriam que participar em cada projeto, ainda que fosse ideal que cada

---

11. O Grupo de Países Não-Alinhados constituiria uma base natural para a organização desta associação. Na Reunião de Ministros de Relações Exteriores de agosto de 1975, em Lima, aprovou-se o estabelecimento de um esquema de cooperação análogo ao que aqui se sugere, e que foi desenvolvido em uma reunião de peritos em New York em abril de 1976 e ratificado na reunião de Chefes de Estado de Sri Lanka em agosto de 1976.

país tomasse parte de pelo menos um, durante um período razoável. A associação poderia se estabelecer por meio de um acordo multilateral amplo com a participação de todos os países membros, e cada projeto individual seria colocado em prática mediante um acordo multilateral específico subscrito pelos países interessados nele.

O corpo central de funcionários consultaria instituições pertinentes dos países membros com o objetivo de determinar as prioridades para a identificação e estruturação dos projetos de pesquisa. Este corpo central seria composto por um pequeno grupo de profissionais altamente qualificados, designados por um período fixo (por exemplo, cinco anos) e receberia ajuda de consultores que trabalhassem por períodos curtos. A equipe central não teria como atividade principal a pesquisa direta, ainda que seus membros pudessem participar de algum projeto específico. O financiamento do corpo central estaria assegurado por meio das contribuições dos países membros e, possivelmente, através de fundos de organizações internacionais e entidades doadoras. Deste modo não significaria uma drenagem importante de divisas para os países membros. É claro que a equipe central se estabeleceria em um país do Terceiro Mundo. Uma junta provisória eleita pelos países membros vigiaria o cumprimento das funções da equipe central.

Os projetos específicos poderiam ser levados a cabo de forma descentralizada em algumas instituições selecionadas dos países membros. Os projetos seriam temporais e dirigidos por uma comissão coordenadora integrada por um representante de cada país participante. Se necessário, poderia também haver um coordenador executivo do projeto, que responderia perante a comissão. Deste modo não se criaria uma estrutura organizativa permanente ao redor de cada projeto. Em um dado momento haveria vários projetos específicos em andamento, outros em processo de gestação e inclusive outros já terminados. As características organizativas dependeriam da natureza e amplitude dos problemas que teriam de ser resolvidos, já que alguns exigiriam a existência de um laboratório central, enquanto outros poderiam ser manejados de maneira totalmente descentralizada. Neste sentido deveria se manter ampla flexibilidade.

Um marco como o descrito para a cooperação dentro do Terceiro Mundo na busca da autodeterminação tecnológica conduziria a um processo de identificação de interesses comuns, de organização de atividades específicas de cooperação e de utilização dos resultados de acordo com os interesses e objetivos de cada país em particular. Geraria um processo de criação, supressão e reestruturação de vínculos, de acordo com as mudanças nas necessidades e capacidades, a fim de obter a autodeterminação tecnológica. A menos que países subdesenvolvidos empreendam a curto prazo ações concretas — organizando um plano de cooperação como o que aqui se propõe, ou executando na prática qualquer outra forma de esquemas de colaboração — a autodeterminação em matéria de tecnologia continuará uma ilusão para a quase totalidade do Terceiro Mundo.

## 9. RUMO A UMA REINTERPRETAÇÃO CIENTÍFICO-TECNOLÓGICA DO SUBDESENVOLVIMENTO: O PAPEL DA CIÊNCIA E TECNOLÓGIA ENDÓGENAS[1]

> *I, desgraciadamente*
> *el dolor crece en el mundo a cada rato*
> *crece a treinta minutos por segundo,*
> *paso a paso...*
>
> *CÉSAR VALLEJO*

1. Centro Internacional de Pesquisas para o Desenvolvimento. Os pontos de vistas expressos pelo autor não refletem necessariamente os do Centro. O trabalho baseia-se em uma apresentação do autor no Seminário da Fundação Dag Hammarskjold sobre o desenvolvimento de uma capacidade científico-tecnológica autônoma no Terceiro Mundo, realizado em Uppsala, Suécia, de 14 a 18 de dezembro de 1978.

## 1. Possibilidades e Limitações da Ciência e Tecnologia

O grande avanço na geração de conhecimentos durante o século XX deu ao homem contemporâneo um grau de controle sem precedentes sobre os fenômenos que o rodeiam. Este aumento de poder, baseado num maior conhecimento, é o produto da ciência moderna e sua evolução acumulada durante os últimos quatro séculos.

As possíveis aplicações da ciência e tecnologia em benefício da humanidade parecem ilimitadas e as promessas de uma nova época de prosperidade para todos, através do uso da ciência, tem sido amiúde preconizado desde que Francis Bacon falou de uma "Nova Instauração" em princípios do século XVII.

Todavia, como qualquer outra atividade social, a ciência e a tecnologia desenvolvem-se dentro de um determinado contexto. Respondem às demandas específicas da sociedade, expressas através de alguma ordem institucional e das ações de elites do poder. Portanto, a possível contribuição da ciência e tecnologia aos objetivos do desenvolvimento deve ser examinada à luz dos fatores políticos e culturais que hajam condicionado o desenvolvimento da ciência. Levando em conta que mais de 97% da despesa mundial em ciência e tecnologia e mais de 90% dos cientistas e engenheiros do mundo estão concentrados hoje em países desenvolvidos, e que os métodos de pesquisa e a maior parte do conhecimento em ciência e tecnologia são produtos das sociedades industrializadas do Ocidente, não é de se surpreender que a orientação e a forma de desenvolvimento da ciência e tecnologia estejam determinadas pelos interesses das elites do poder do Norte industrializado. É em resposta a estes interesses que mais de um terço dos recursos mundiais para a ciência e tecnologia estão destinados à produção de armamentos e que a maioria do remanescente de recursos está vinculada a trocas marginais de produtos e processos para estimular um maior consumo de bens não-essenciais.

A crescente importância do progresso tecnológico no desenvolvimento econômico dos países industrializados vem sendo acompanhada por um rápido processo de concentração, ao ponto de umas poucas empresas privadas e entidades governamentais dominarem a maioria dos investimentos em pesquisa e desenvolvimento, controlando grande parte da tecnologia existente, particularmente nos setores industriais dinâmicos.

Por exemplo, nos Estados Unidos, as cinqüenta maiores corporações e as agências governamentais de pesquisa nos campos de defesa, energia, espaço e saúde, contaram com mais de três quartos dos U$ 38 bilhões gastos em pesquisa e desenvolvimento em 1976, e um grau semelhante de concentração é encontrado em países como a França e a Inglaterra. Assim, não seria totalmente incorreto dizer que umas poucas centenas de pessoas nas nações industrializadas decidem quem terá acesso à tecnologia moderna e sob quais condições isso ocorrerá.

Conclui-se daí que, a nível internacional, a ciência e a tecnologia estão se convertendo em assuntos da maior importância nas relações entre os países industrializados e os países em desenvolvimento. A geração e o controle da ciência e tecnologia modernas chegarão a ser, cada vez em maior medida, os principais meios através dos quais uns poucos países desenvolvidos manterão e reforçarão seu domínio sobre o Terceiro Mundo, particularmente à medida que este último procure reforçar sua posição e estenda seu controle sobre os meios pelos quais os países industrializados tenham exercido seu domínio no passado, tais como a exploração dos recursos naturais, o estabelecimento e manejo dos meios de produção, e o fornecimento de recursos financeiros.

Ainda temos que estudar e entender melhor o modo como a tecnologia está sendo usada como um fator de domínio nas relações econômicas Norte-Sul, mas é claro que os Estados Unidos, os países da Europa Ocidental, o Japão, e mesmo os países socialistas da Europa Oriental, estão interessados principalmente em oferecer sua tecnologia, em alguns casos simultaneamente com alimentos ou capital, em troca de recursos naturais, de energia e dos mercados dos países em desenvolvimento. Em casos excepcionais os países do Terceiro Mundo podem ser capazes de promover seu próprio capital e se abastecer com seus alimentos, mas de qualquer forma precisam ter acesso ao conhecimento científico-tecnológico que não estão em condições de gerar.

Desta forma, contra os possíveis benefícios da ciência e tecnologia ao desenvolvimento (vencer doenças, melhorar a produtividade, inventar novos materiais, e, em geral, superar as restrições naturais), é necessário ter em conta as limitações impostas pelo modo como a ciência e a tecnologia estão inseridas numa ordem mundial pouco equitativa. Cabe reconhecer que os principais objetivos dos avanços científicos e tecnológicos nas nações industrializadas destinam-se ao melhoramento dos meios de destruição e ao aumento do consumo supérfluo; que os desequilíbrios na distribuição do esforço mundial em ciência e tecnologia conduzem a amplas disparidades no acesso à ciência e tecnologia modernas; que a concentração do conhecimento científico e tecnológico outorga o poder de influir no destino de uma grande maioria da população mundial a uma pequena minoria que controla a dotação de recursos em ciência e tecnologia; e que a tecnologia apoiada na ciência está sendo usada como instrumento nas relações de domínio Norte-Sul.

Todas estas limitações no emprego da ciência e tecnologia para o desenvolvimento (que são o produto de um longo processo histórico estreitamente ligado à aparição do subdesenvolvimento), indicam que os países do Terceiro Mundo devem se organizar a fim de desenvolver suas próprias capacidades científico-tecnológicas endógenas e delinear respostas adequadas à pressão das nações industrializadas, estabelecendo deste modo as bases para um desenvolvimento autônomo.

## 2. Uma Reinterpretação Tecnológica do Subdesenvolvimento

Os conceitos de desenvolvimento e subdesenvolvimento não permaneceram estáticos através dos anos. À medida que surgem novos conceitos acerca das complexas interações entre fatores sociais, econômicos e políticos, tornou-se necessário reinterpretar o significado destes conceitos[2]. Considerando a importância que adquiriram a ciência e tecnologia modernas é conveniente adiantar uma interpretação científico-tecnológica dos fenômenos de desenvolvimento e subdesenvolvimento, com a finalidade de destacar a estreita interação entre ciência e tecnologia e o delineamento de estratégias de desenvolvimento.

A relação entre o progresso tecnológico e o surgimento do subdesenvolvimento é um fenômeno histórico que foi destacado por Celso Furtado da seguinte forma:

Como conseqüência da rápida difusão de novos métodos de produção a partir de um pequeno número de centros que transmitem inovações tecnológicas tem se desenvolvido um processo que tende a criar um sistema econômico mundial. Assim, o subdesenvolvimento é considerado fruto do desenvolvimento, ou melhor, uma conseqüência do impacto do progresso técnico e da divisão internacional do trabalho

---

2. Ver, por exemplo, OSWALDO SUNKEL, "El Desarrollo de la Teoría del Desarrollo", *Estudios Internacionales*, v. X, n. 40, outubro-dezembro 1977, pp. 33-46; G. GUSDORF, "L'histoire des Idees", e V.J. TARASCIO, "Development: The Concept and Its Career in Economics", em C. A. O. VAN NIEWENHUIJZE, *Development: The Western View*, Haia, Mouton, 1972; e CELSO FURTADO, "El Desarrollo desde el Punto de Vista Interdisciplinario", *El Trimestre Económico*, v. XLVI, n. 181, janeiro-março 1979, pp. 5-34.

estabelecida por uns poucos países que impulsionaram a revolução industrial no século XIX. As relações resultantes entre estas sociedades e as áreas subdesenvolvidas implicam formas de dependência dificilmente superáveis. A dependência esteve inicialmente baseada numa divisão internacional do trabalho na qual os centros dominantes reservaram para si as atividades econômicas que concentravam o progresso técnico. Na etapa seguinte, a dependência se manteve por meio do controle da assimilação de novos processos tecnológicos mediante a introdução de atividades produtivas nas economias dependentes, todas elas sob o controle de grupos formados pelas economias dominantes[3].

Seguindo a mesma linha de pensamento, é possível distinguir entre duas classes de países: aqueles onde a evolução das atividades científicas levaram diretamente (ou estiveram claramente ligadas) aos avanços das técnicas de produção; e aqueles onde a atividade geradora de conhecimentos não esteve relacionada de modo significativo às atividades produtivas. Diremos que os primeiros têm uma *base científico-tecnológica endógena,* e os segundos uma *base científico-tecnológica exógena.* Esta divisão corresponde à estabelecida entre países industrializados ou desenvolvidos, e países do Terceiro Mundo, subdesenvolvidos, respectivamente (ver Figura 3).

Seja como resultado de um processo acumulativo interno (Europa Ocidental), seja de um transplante que criou raízes (Estados Unidos, Japão), nos países desenvolvidos a geração sistemática de conhecimento e a produção de bens e serviços estiveram organicamente encadeados através do desenvolvimento de tecnologias relacionadas às descobertas científicas. O aparecimento de uma base científico-tecnológica endógena no Ocidente foi o resultado da evolução das idéias que levaram à ciência, da transformação progressiva de técnicas produtivas, e da combinação destas duas correntes[4].

Como conseqüência da revolução científica durante o século XVII — que foi o produto de um longo processo que começou no período helênico, desenvolveu-se durante a era romana e a Idade Média, incorporou as contribuições árabes, e assimilou os avanços intelectuais do Renascimento — a idéia de que o universo era previsível e obedecia a certas leis que podiam ser conhecidas e comprovadas mudou radicalmente a concepção que o homem tinha do universo, dando lugar às teses de Bacon de que a natureza pode ser controlada através

---

3. CELSO FURTADO, *Obstacles to Development in Latin America,* New York, Anchor Books, p. xvi. Seu artigo "Power Resources — The Five Controls", *IFDA Dossier,* n. 7, maio 1979, reitera seu ponto de vista sobre o tema.
4. FRANCISCO R. SAGASTI, "Reflexiones sobre la Endogeneización de la Revolución Científica-Tecnológica en Países Subdesarrollados", *Interciencia,* v. 2, n. 4, julho-agosto 1977, pp. 216-220.

Figura 3 – Relações entre Ciência, Tecnologia e Produção em Países Desenvolvidos e Subdesenvolvidos.

Países com uma base científico-tecnológica endógena
(países industrializados ou desenvolvidos)

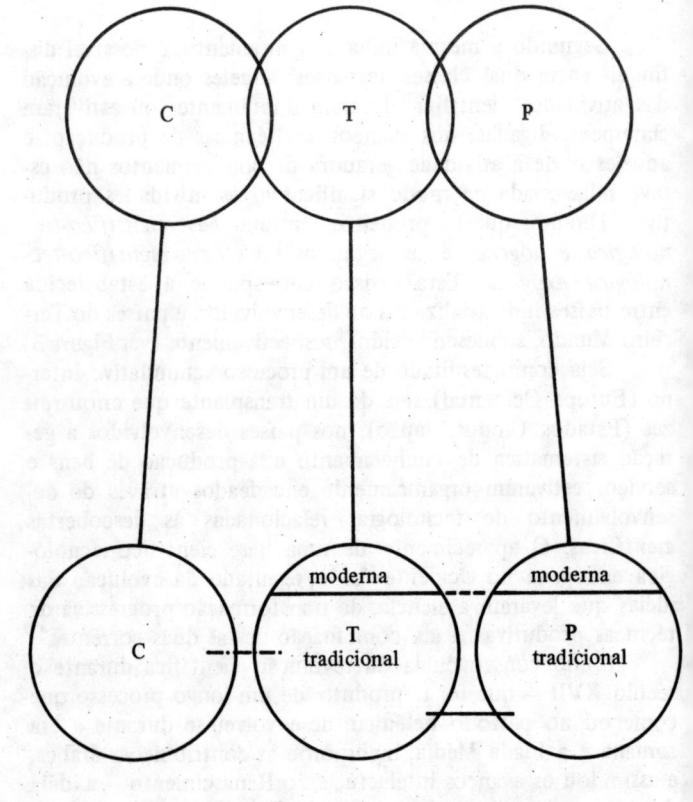

C   T   P

C   T moderna   P moderna
    T tradicional   P tradicional

Países com uma base científico-tecnológica exógena
(países do Terceiro Mundo ou subdesenvolvidos)

C: Ciência  ——————  Vínculos fortes
T: Tecnologia  ----------  Vínculos fracos
P: Produção  –·–·–·–  Vínculos muito fracos

do conhecimento. Houve uma evolução paralela nas atividades artesanais, que foram gradualmente transformadas em atividades manufatureiras, e mais tarde em atividades industriais propriamente ditas. Isto processou-se ao mesmo tempo em que ocorria a transição da era "politécnica" de variadas respostas tecnológicas locais, a uma era "monotécnica", na qual a variedade de respostas foi se reduzindo e umas poucas técnicas específicas de produção predominaram em cada campo de atividade[5].

A fusão das duas correntes — a evolução do pensamento e a transformação das técnicas produtivas — constitui o que se conhece como *revolução científico-tecnológica*. Este foi um processo complexo de interações entre ciência e produção, que teve lugar em meio a grandes mudanças sociais e que coincidiu com o surgimento do capitalismo como forma dominante de produção. Ao mesmo tempo, América Latina, Ásia, Oriente Médio e África foram incorporados como colônias dentro de uma divisão internacional do trabalho, ajudando assim a sustentar a revolução industrial através do fornecimento de matéria-prima barata e do provimento de mercados para manufaturados.

Como resultado deste processo histórico, os países do Terceiro Mundo não estabeleceram uma base de tecnologias produtivas ligadas a suas próprias descobertas científicas. Não houve um vínculo orgânico entre o desenvolvimento de atividades destinadas à geração de conhecimentos e a evolução de técnicas produtivas, ficando estas duas áreas separadas uma da outra.

A difusão da ciência ocidental para países com uma base científico-tecnológica exógena foi um processo irregular que envolveu uma aceitação parcial de resultados, mas sem um conhecimento completo do processo acumulativo que os originou. A ciência nestes países foi uma atividade limitada a uns poucos pioneiros isolados, cujos esforços ficaram defasados no tempo, já que as fronteiras do conhecimento estavam sendo exploradas em outras partes do mundo. Por isso a procura da ciência não criou raízes na maioria destes países até a primeira década do século XX, e ainda adquiriu um caráter fragmentário e imitativo, divorciado da esfera produtiva.

A natureza das atividades produtivas modernas esteve condicionada, primeiro pelos interesses das potências coloniais, e depois que algumas regiões alcançaram sua independên-

---

5. Ver LEWIS MUMFORD, *The Myth of the Machine*, New York, Harcourt Brace Jovanovich, 1972.

cia (particularmente a América Latina), pela forma como suas economias foram incorporadas à divisão internacional do trabalho que acompanhou a expansão do sistema capitalista; isto significou que elas se orientaram principalmente para a extração de recursos naturais e para a geração de excedentes a serem transferidos para fora do país.

As atividades produtivas modernas ou introduzidas empregaram tecnologias importadas que seguiram habilidades, materiais, hábitos organizacionais e tradições técnicas alheias ao meio ambiente local. Além disso, as capacidades tecnológicas associadas à produção moderna expandiram-se mediante novas importações de tecnologia, o que significou que as tradições tecnológicas — desenvolvidas lenta e cumulativamente durante um longo período — foram postas de lado e mesmo eliminadas. Isto levou a uma diminuição da variedade de respostas tecnológicas próprias.

Estes três componentes — atividades científicas, capacidades tecnológicas associadas à produção moderna, e recursos tecnológicos tradicionais — tiveram muito pouco interferência nos países com uma base em ciência e tecnologia exógena. A evolução (involução, no caso das tecnologias tradicionais) destas correntes processou-se isoladamente: a fusão da ciência com a produção não ocorreu no Terceiro Mundo.

A partir desta perspectiva, um dos problemas-chave no delineamento e implementação de estratégias de desenvolvimento consiste em relacionar organicamente a condução das atividades científicas com a evolução das tecnologias associadas à produção moderna, e com a recuperação sistemática e seletiva da base tecnológica tradicional. Os três componentes devem ser combinados em torno de áreas-problemas, de importância crítica para o desenvolvimento do país de tal forma a obter uma substituição gradual da base tecnológica exógena.

Não obstante, o fato de que o crescimento das capacidades científico-tecnológicas endógenas seja necessário ao desenvolvimento, não implica que exista apenas um caminho — o das nações industrializadas do Ocidente — a seguir na aquisição e uso dos recursos científico-tecnológicos. Considerando que a ciência e a tecnologia evoluem em meios sociais particulares, é possível delinear e seguir rumos alternativos para o desenvolvimento da ciência e tecnologia da mesma forma que é possível trilhar estratégias alternativas de desenvolvimento em geral[6].

6. MARC NERFIN (ed.), *Hacia otro Desarrollo: Enfoques y Estrategias*, México, Siglo XXI Editores, 1978.

## 3. Rumo ao Desenvolvimento Científico-Tecnológico Endógeno

Da discussão anterior pode-se identificar três grupos de ações necessárias ao desenvolvimento de capacidades científico-tecnológicas endógenas: a expansão e reorientação do sistema científico-tecnológico, a recuperação seletiva e sistemática da base tecnológica tradicional e a transformação do sistema produtivo.

Em primeiro lugar, está claro que sem ciência não pode haver tecnologia baseada em descobertas científicas. Embora geralmente se reconheça que existe pouca ligação entre a comunidade científica nos países do Terceiro Mundo e os problemas do desenvolvimento, em lugar de se limitar a pesquisa básica deveria se dar maior apoio às atividades científicas que de uma forma ou de outra dizem respeito à perspectiva de desenvolvimento do país. As prioridades para a ciência deveriam originar-se dos recursos que o país possui, da categoria de atividades tecnológicas que requer o apoio da ciência básica, das exigências de tecnologias tradicionais que poderão ser melhoradas através de insumos científicos, e da necessidade de se manter em contato com as fronteiras do mundo científico em áreas de interesse particular para os países em desenvolvimento (por exemplo, os materiais sintéticos que possam competir com produtos naturais locais).

Em segundo lugar, cumpre resgatar seletivamente a base tecnológica tradicional, a qual, na maioria dos países em desenvolvimento, tem permanecido adormecida por décadas e mesmo por séculos. As atividades produtivas e tecnológicas tradicionais têm, todavia, grande importância social e econômica na maioria dos países subdesenvolvidos. Elas constituem uma parte integral de sua herança cultural e continuarão representando um papel significativo por muitos anos. A recuperação da base tecnológica tradicional ajuda a vincular a ciência moderna às tecnologias tradicionais, a fim de melhorá-las seletivamente por meio da aplicação sistemática do método científico, e a integrar os produtos de tecnologias baseadas na ciência com os resultantes de atividades tradicionais.

A contribuição da produção tradicional e a dos sistemas sociais podem ultrapassar os aspectos específicos, ajudando na identificação, preservação e afirmação da cultura e identidade social de uma nação. Por exemplo, as civilizações andinas pré-espanholas tiveram uma tradição igualitária, compartilharam amplos e diversos espaços econômicos e ecológicos (mediante o que fora chamado "controle vertical de um máximo de patamares ecológicos") e desenvolveram uma estrutura política e social complexa que permitiu que os recursos da região fossem apropriadamente utilizados assegurando a sobrevivência de sua população[7]. Estas formas tradicionais de se relacionar do meio ambiente andino, e o uso de um espectro de tecnologias disponíveis apropriadas a uma variedade de condições ecológicas locais, foram praticamente abolidos durante a conquista espanhola. No entanto, alguns vestígios permaneceram e poderiam ser recuperados, vinculando-os às atividades científicas e incorporando-os ao parâmetro de estratégias alternativas de desenvolvimento.

A recuperação e melhora seletiva da base tecnológica tradicional poderia conter uma vasta variedade de atividades econômicas e sociais, ainda que a indústria agrícola e rural ofereça os campos mais férteis para este enfoque. O manuseio de ecossistemas tropicais na região amazônica, onde os métodos agrícolas ocidentais poderiam levar a uma grande deterioração do delicado equilíbrio ecológico, nos dá um exemplo da necessidade de examinar os métodos tradicionais com o fim de estabelecer um ponto de partida para a pesquisa científica sistemática[8]. Outros exemplos dos vários enfoques que podem ser seguidos a fim de se melhorar as práticas tecnológicas tradicionais por meio da pesquisa científica incluem o projeto de esquemas alternativos de irrigação em Sri Lanka, examinando cuidadosamente os métodos tradicionais que abrangem o armazenamento limitado a pequenos tanques nas aldeias e sua reutilização como águas de irrigação, ao invés da utilização de sistemas de irrigação em grande escala com represas e canais[9]; a adaptação de sistemas agrícolas tradicionais, antes da substituição por modernos métodos ocidentais[10]; o planejamento de "tecnologias combinadas" que incorporem componentes tecnológicos modernos e tradicionais[11] e uma

---

7. JOHN MURRA, *Formaciones Económicas y Políticas del Mundo Andino,* Lima, Instituto de Estudios Peruanos, 1975.

8. Ver por exemplo: CARLOS COLLANTES, *Perspectives d'écodéveloppement pour l'Amazonie peruvienne,* Paris, Centre International de Recherche pour l'Environment et le Développement, 1975.

9. D. L. O. MENDIS, "Some Thoughts on Technology Transfer for Irragation and Multi-Purpose Projects in Sri Lanka", *Transactions of the Institution of Engineers,* Sri Lanka, 1977.

10. NITISH DE, *Adaptation of Traditional Systems of Agriculture in Developing Economy,* Occasional Papers Series n. 2, Nova Delhi, National Labour Institute, 1977.

11. IGNACY SACHS, DANIEL THERY e KRYSTINA VINAVER, *Technologies Appopriees pour le Tiers Monde: vers une Gestion du Pluralisme Technologique,* Paris, Centre Internacional de Recherche sur l'Environment et le Développement, 1978.

avaliação sistemática de esforços para relacionar a pesquisa científica às tecnologias rurais[12].

O terceiro grupo de ações para se obter o desenvolvimento científico-tecnológico endógeno refere-se à transformação do sistema produtivo. Aqui se toma a perspectiva das mudanças que são necessárias no sistema produtivo para incrementar a demanda de atividades e conhecimentos científico-tecnológicos locais, embora fique claro que a transformação no sistema produtivo é também necessária por outras razões mais substantivas que esta.

Tais transformações incluem a reorientação da produção afastando-a dos padrões imitativos de consumo que favorecem uma grande diversidade de bens para grupos de altos rendimentos, e que requerem uma ampla importação de tecnologia. Com uma estrutura produtiva diferente, orientada para a satisfação de necessidades humanas, e que enfatize o consumo coletivo antes do consumo individual, poderá reduzir substancialmente a carência de tecnologia importada e levar a um incremento da demanda de atividades científico-tecnológicas locais. Ademais, ao reduzir o espectro de atividades produtivas, concentrando-as no fornecimento de bens e serviços, vinculando-as a necessidades humanas, seria possível orientar melhor o desenvolvimento da tecnologia relacionada à ciência local e forjar laços entre a ciência e a tecnologia e os sistemas produtivos. Propostas específicas relativas ao caso da Índia já foram feitas neste sentido[14].

A estruturação da produção deveria também dar ênfase à integração vertical de atividades incluídas no processamento de recursos naturais, o que geraria demanda de uma série de atividades científico-tecnológicas (pesquisa básica, adaptação de tecnologia, engenharia de projetos, sistemas de informação etc.) com respeito à dotação de recursos ao país[15].

12. AMILCAR HERRERA, *Research and Development Systems in Rural Settings: Backgroud of the Project*, Mimeografado, Facultad Latinoamericana de Ciencias Sociales, México, 1978.
13. Para uma relação de problemas, políticas e instrumentos de política para o manejo da demanda de tecnologia, ver: FRANCISCO R. SAGASTI, *Ciencia y Tecnología para el Desarrollo: Informe Comparativo Central do Projeto STPI*, Bogotá, Centro Internacional de Pesquisas para o Desenvolvimento, 1918.
14. AMULYA KUMAR REDDY, "An Alternative Pattern of Indian Industrialization", *Human Futures*, v. 1 (1978), pp. 105-111.
15. FRANÇOIS LE GUAY, "Industrialization as Part of a Self Reliance Strategy", *IFDA Dossier* n. 2, novembro 1978.

A transformação das atividades produtivas e sociais também provoca mudanças no fornecimento de serviços à comunidade e uma revisão dos enfoques ocidentais convencionais referentes aos serviços sociais. Programas de educação, saúde, moradia e transporte que levem em conta explicitamente as necessidades e potencialidades da comunidade, com ênfase na participação, na autodependência (*self-reliance*) a nível local, e na utilização das capacidades e recursos nativos, gerariam uma demanda maior por atividades científico-tecnológicas locais.

Por exemplo, programas de educação que incluam inovações, tais como estudantes de graus superiores ensinarem aos de níveis inferiores em vez de apoiar-se de forma exclusiva nas contribuições dos professores; programas de saúde que dêem ênfase à prevenção e ao fornecimento de serviços primários de saúde por pessoal paramédico, em lugar de enfatizar tratamentos especializados e de alto grau tecnológico através de especialistas; programas de habitação que apóiem projetos comunitários de autoconstrução e o uso de materiais locais, ao invés de projetos padronizados, construção comercial, e o uso de materiais convencionais; e sistemas de transporte que enfatizem o transporte de massa e os sistemas de transporte de baixo custo (bicicletas) e não o automóvel particular. Estes e outros exemplos representam oportunidades para introduzir inovações sociais e incrementam a demanda de atividades científico-tecnológicas locais no âmbito social, biológico, físico e de engenharia nos países do Terceiro Mundo.

Resumindo, o desenvolvimento de uma base científica e tecnológica endógena requer um cuidadoso ordenamento de esforços para expandir e reorientar as atividades científicas, resgatar e melhorar tecnologias tradicionais, e transformar as atividades produtivas e o fornecimento de serviços. Todavia, por causa dos limitados recursos humanos e financeiros disponíveis na maioria dos países subdesenvolvidos, será preciso concentrar esforços em algumas poucas áreas-problema críticas, enquanto que ao mesmo tempo se melhora a capacidade de importar e assimilar tecnologia estrangeira. Além do mais, devido às necessidades de recursos em atividades científico-tecnológicas modernas, a grande maioria dos países do Terceiro Mundo não será capaz de desenvolver uma ampla base científico-tecnológica endógena, ao menos por um longo período. Portanto, é imperativo unir esforços, repartir recursos e estabelecer sistemas cooperativos com outros países do Terceiro Mundo, a fim de desenvolver coletivamente uma base científico-tecnológica endógena.

## 4. Transformações no Contexto Social para a Ciência e a Tecnologia

Está claro que para cada estratégia alternativa de desenvolvimento há uma estratégia correspondente ao desenvolvimento de recursos científico-tecnológicos. O crescimento da ciência e tecnologia em uma sociedade está condicionado pela natureza e características da demanda social de conhecimentos que, por sua vez, depende do padrão de desenvolvimento seguido. Está claro também que a empresa científica tem sua própria dinâmica interna, e que as descobertas científicas amiúde se movem em direções que são relativamente independentes do contexto social. Não obstante, a orientação geral que a transformação do conhecimento científico segue e sua incorporação em bens e serviços socialmente úteis está moldada pelas demandas sociais. Pode-se dizer que o desenvolvimento da ciência apresenta uma variedade de opções de conhecimento, das quais as forças sociais dominantes selecionam aqueles aspectos de interesse direto para elas, a fim de transformá-los em tecnologias baseadas em descobertas científicas.

O que não se reconhece, em geral, é que o fenômeno do subdesenvolvimento é interpretado em termos científico-tecnológicos a partir de uma perspectiva histórica; então a ausência de uma base científico-tecnológica surge como um dos principais fatores que contribuem para isto e portanto não há como escapar à condição de subdesenvolvimento, a menos que os países do Terceiro Mundo desenvolvam plenamente uma base científico-tecnológica endógena. Mas, ao mesmo tempo, a possibilidade de construir tal base científico-tecnológica endógena estará condicionada pelo contexto sócio-econômico no qual se situam a ciência e a tecnologia; portanto, se os postulados que o desenvolvimento de algumas capacidades científico-tecnológicas endógenas encerra são aceitos, chegamos à conclusão de que é necessário levar a cabo um conjunto de transformações sócio-econômicas antes das capacidades científico-tecnológicas endógenas serem desenvolvidas com o fim de sair das condições de subdesenvolvimento.

Consideramos as três áreas de ação anteriormente mencionadas como necessárias para alcançar um certo nível de desenvolvimento científico-tecnológico endógeno: a transformação do sistema produtivo, a recuperação seletiva da base tecnológica tradicional e a expansão e reorientação do sistema científico-tecnológico. A transformação da estrutura produtiva, reduzindo a proporção de bens destinados à exportação e aos grupos de altas rendas, e seu direcionamento para a satisfação das necessidades da maioria da população, levaria à redução da importação de tecnologias sofisticadas que estão além das possibilidades científico-tecnológicas da maioria dos países subdesenvolvidos, e conduziria a uma melhor integração dos recursos científico-tecnológicos com o sistema produtivo.

Todavia, não se pode esperar que tal reorientação seja o resultado de forças de mercado que atuem por si mesmas. É preciso que o Estado intervenha ativamente definindo a estrutura de produção, fornecendo serviços básicos, regulando o fluxo de investimentos e tecnologias estrangeiras, orientando o comércio exterior, determinando um limite de referência às atividades do setor privado etc. Na maioria dos países do Terceiro Mundo seriam necessárias mudanças substanciais na forma pela qual o Estado intervém, nas atividades sócio-econômicas, bem como uma reorientação do aparelho estatal rumo à satisfação das necessidades básicas das maiorias. Mas para que isto ocorra, o Estado deverá representar os interesses da maioria da população, antes dos de uma ou outra elite privilegiada; deveria existir a vontade política de introduzir mudanças radicais no sistema produtivo, ao invés de reformas graduais; e deverá existir também a possibilidade de levar a cabo as transformações necessárias, neutralizando as possíveis interferências, tanto internas quanto externas. A não ser que tais mudanças se realizem, pouco se pode esperar um aumento substancial da demanda de atividades científicas e tecnológicas locais.

Uma condição essencial para a recuperação da base tecnológica tradicional e sua melhoria gradual através da utilização de recursos científicos é a de assegurar a coexistência de técnicas de diferentes níveis de produtividade, pelo menos durante um certo período. Isto requereria regras institucionais de natureza compensatória para fixar preços e determinar salários, de tal modo que as técnicas modernas com alta produtividade não penalizem as técnicas tradicionais que têm uma produtividade baixa, dando tempo para comprovar se estas últimas podem ser melhoradas substancialmente. Neste sentido, as considerações de "eficiência econômica" no sentido estrito da palavra devem ser descartadas em favor de uma estrutura mais ampla para a avaliação de tecnologias, incorporando critérios sociais, educacionais, tecnológicos e culturais, tais como a criação de emprego, possibilidades de aprendizagem, potencial de adaptação e preservação da herança e identidade culturais. Outras normas institucionais seriam necessárias para assegurar que as diferenças em salários associadas a técnicas de diferentes níveis de produtividade não conduzam a uma pequena elite de altos salários e a um grande número de desempregados. É claro que a instauração destas mudanças institucionais implica grandes reformas sociais na maioria dos países do Terceiro Mundo[16].

As transformações do contexto social que são necessárias para reorientar a condução das atividades científicas são menos óbvias, mas no entanto estão presentes. Uma expansão das atividades científicas exige uma ampla base de cientistas e engenheiros altamente qualificados, e uma população que conheça os conceitos e métodos básicos da ciência. Isto, por sua vez, implica uma modificação substantiva do sistema educativo. Requer uma expansão maciça de todo tipo de atividades educacionais, que garanta o acesso da população à educação primária, secundária e superior. A mudança na natureza das atividades científicas, derivada de sua reorientação para os problemas locais, requereria o estabelecimento de novos sistemas de recompensa e estímulo às descobertas científicas, um conteúdo e estruturas diferentes no processo educacional, e um novo conjunto de mecanismos institucionais que vinculem a educação superior e a pesquisa científica aos novos problemas que resultariam das modificações no sistema produtivo e da recuperação seletiva das tecnologias tradicionais.

Todas estas transformações sociais, econômicas e políticas, necessárias a um incremento dos recursos científico-tecnológicos endógenos, e desse modo sair da condição de subdesenvolvimento, conduzem à busca de estratégias alternativas de desenvolvimento ou a "outro desenvolvimento"[17]. As características essenciais destas estratégias alternativas podem ser assim resumidas: *deveriam ser orientadas para as necessidades,* no sentido de satisfazer as necessidades humanas materiais e não-materiais, inclusive as de expressão, criatividade, igualdade, entendimento e manejo de seu próprio destino; *endógenas,* isto é, surgindo no seio de cada sociedade, a qual define de modo soberano seus valores e a visão de seu futuro; *auto-suficientes,* no sentido de que cada sociedade se apóie principalmente em seus próprios esforços e em seu meio cultural; ecologicamente corretas, o que implica o uso racional dos recursos da biosfera com um conhecimento total do potencial dos ecossistemas locais e das limitações impostas

---

16. Para uma explicação da inter-relação entre fatores institucionais e tecnológicos, ver FRANCES STEWART, "Inequality, Technology and Payment Systems", *World Development*, v. 6 (1978), n. 3, pp. 275-293.

17. Ver MARC NERFIN (ed.), *op. cit.*

pelas gerações presentes e futuras; e apoiadas em *transformações estruturais,* que alterariam as relações sociais, as atividades econômicas e as estruturas de poder, de tal forma que sejam criadas condições para a participação e a autodeterminação de toda a população no processo de tomada de decisões.

## 5. Comentários finais

Há uma estreita ligação entre o crescimento das capacidades científico-tecnológicas endógenas e a busca de estratégias alternativas de desenvolvimento: uma não pode ser alcançada sem a outra. Ambas exigem grandes mudanças sócio-econômicas no Terceiro Mundo, que provavelmente não virão a ocorrer espontaneamente e sem conflitos sociais. Além do mais requerem transformações substanciais na estrutura das relações de poder internacionais antes que os países do Terceiro Mundo possam se comprometer na busca coletiva de estratégias alternativas de desenvolvimento e na construção de capacidades científico-tecnológicas endógenas.

Apesar de tudo o que se diz a respeito da cooperação Norte-Sul, estas mudanças no cenário internacional não parecem destinadas a ocorrer num futuro próximo. Ademais, só ocorreriam se o Terceiro Mundo, com o apoio de alguns poucos países do Norte, pressionasse o suficiente para isso, usando todos os meios disponíveis a fim de exercer esta pressão sobre os países industrializados. Neste momento ainda haverá um longo caminho a ser percorrido, através do qual os países do Terceiro Mundo deverão iniciar urgentemente as transformações que tornariam possível o crescimento de capacidades científico-tecnológicas endógenas para um desenvolvimento alternativo no futuro.

## COLEÇÃO DEBATES

1. *A Personagem de Ficção*, Antonio Candido e outros.
2. *Informação, Linguagem, Comunicação*, Décio Pignatari.
3. *Balanço da Bossa e Outras Bossas*, Augusto de Campos.
4. *Obra Aberta*, Umberto Eco.
5. *Sexo e Temperamento*, Margaret Mead.
6. *Fim do Povo Judeu?*, Georges Friedmann.
7. *Texto/Contexto*, Anatol Rosenfeld.
8. *O Sentido e a Máscara*, Gerd A. Borheim.
9. *Problemas da Física Moderna*, W. Heisenberg, E. Schödinger, M. Born e P. Auger.
10. *Distúrbios Emocionais e Anti-Semitismo*, N. W. Ackermann e M. Jahoda.
11. *Barroco Mineiro*, Lourival Gomes Machado.
12. *Kafka: Pró e Contra*, Günther Anders.
13. *Nova História e Novo Mundo*, Frédéric Mauro.
14. *As Estruturas Narrativas*, Tzvetan Todorov.
15. *Sociologia do Esporte*, Georges Magnane.

16. *A Arte no Horizonte do Provável*, Haroldo de Campos.
17. *O Dorso do Tigre*, Benedito Nunes.
18. *Quadro da Arquitetura no Brasil*, Nestor G. Reis Filho.
19. *Apocalípticos e Integrados*, Umberto Eco.
20. *Babel & Antibabel*, Paulo Rónai.
21. *Planejamento no Brasil*, Betty Mindlin Lafer.
22. *Lingüística. Poética. Cinema*, Roman Jakobson.
23. *LSD*, John Cashman.
24. *Crítica e Verdade*, Roland Barthes.
25. *Raça e Ciência I*, Juan Comas e outros.
26. *Shazam!*, Álvaro de Moya.
27. *Artes Plásticas na Semana de 22*, Aracy Amaral.
28. *História e Ideologia*, Francisco Iglésias.
29. *Peru: da Oligarquia Econômica à Militar*, A. Pedroso d'Horta.
30. *Pequena Estética*, Max Bense.
31. *O Socialismo Utópico*, Martin Buber.
32. *A Tragédia Grega*, Albin Lesky.
33. *Filosofia em Nova Chave*, Susanne K. Langer.
34. *Tradição, Ciência do Povo*, Luís da Câmara Cascudo.
35. *O Lúdico e as Projeções do Mundo Barroco*, Affonso Ávila.
36. *Sartre*, Gerd A. Borheim.
37. *Planejamento Urbano*, Le Corbusier.
38. *A Religião e o Surgimento do Capitalismo*, R. H. Tawney.
39. *A Poética de Maiakóvski*, Boris Schnaiderman.
40. *O Visível e o Invisível*, M. Merleau-Ponty.
41. *A Multidão Solitária*, David Reisman.
42. *Maiakóvski e o Teatro de Vanguarda*, A. M. Ripellino.
43. *A Grande Esperança do Século XX*, J. Fourastié.
44. *Contracomunicação*, Décio Pignatari.
45. *Unissexo*, Charles F. Winick.
46. *A Arte de Agora, Agora*, Herbert Read.
47. *Bauhaus: Novarquitetura*, Walter Gropius.
48. *Signos em Rotação*, Octavio Paz.
49. *A Escritura e a Diferença*, Jacques Derrida.
50. *Linguagem e Mito*, Ernst Cassirer.
51. *As Formas do Falso*, Walnice N. Galvão.
52. *Mito e Realidade*, Mircea Eliade.
53. *O Trabalho em Migalhas*, Georges Friedmann.
54. *A Significação no Cinema*, Christian Metz.
55. *A Música Hoje*, Pierre Boulez.
56. *Raça e Ciência II*, L. C. Dunn e outros.
57. *Figuras*, Gérard Genette.
58. *Rumos de uma Cultura Tecnológica*, Abraham Moles.
59. *A Linguagem do Espaço e do Tempo*, Hugh M. Lacey.
60. *Formalismo e Futurismo*, Krystyna Pomorska.
61. *O Crisântemo e a Espada*, Ruth Benedict.
62. *Estética e História*, Bernard Berenson.
63. *Morada Paulista*, Luís Saia.
64. *Entre o Passado e o Futuro*, Hannah Arendt.
65. *Política Científica*, Heitor G. de Souza, Darcy F. de Almeida e Carlos Costa Ribeiro.
66. *A Noite da Madrinha*, Sérgio Miceli.

67. *1822: Dimensões*, Carlos Guilherme Mota e outros.
68. *O Kitsch*, Abraham Moles.
69. *Estética e Filosofia*, Mikel Dufrenne.
70. *O Sistema dos Objetos*, Jean Baudrillard.
71. *A Arte na Era da Máquina*, Maxwell Fry.
72. *Teoria e Realidade*, Mario Bunge.
73. *A Nova Arte*, Gregory Battcock.
74. *O Cartaz*, Abraham Moles.
75. *A Prova de Gödel*, Ernest Nagel e James R. Newman.
76. *Psiquiatria e Antipsiquiatria*, David Cooper.
77. *A Caminho da Cidade*, Eunice Ribeiro Durhan.
78. *O Escorpião Encalacrado*, Davi Arrigucci Júnior.
79. *O Caminho Crítico*, Northrop Frye.
80. *Economia Colonial*, J. R. Amaral Lapa.
81. *Falência da Crítica*, Leyla Perrone Moisés.
82. *Lazer e Cultura Popular*, Joffre Dumazedier.
83. *Os Signos e a Crítica*, Cesare Segre.
84. *Introdução à Semanálise*, Julia Kristeva.
85. *Crises da República*, Hannah Arendt.
86. *Fórmula e Fábula*, Wili Bolle.
87. *Saída, Voz e Lealdade*, Albert Hirschman.
88. *Repensando a Antropologia*, E. R. Leach.
89. *Fenomenologia e Estruturalismo*, Andrea Bonomi.
90. *Limites do Crescimento*, Donella H. Meadows e outros (Clube de Roma).
91. *Manicômios, Prisões e Conventos*, Erving Goffman.
92. *Maneirismo: O Mundo como Labirinto*, Gustav R. Hocke.
93. *Semiótica e Literatura*, Décio Pignatari.
94. *Cozinhas, etc.*, Carlos A. C. Lemos.
95. *As Religiões dos Oprimidos*, Vittorio Lanternari.
96. *Os Três Estabelecimentos Humanos*, Le Corbusier.
97. *As Palavras sob as Palavras*, Jean Starobinski.
98. *Introdução à Literatura Fantástica*, Tzvetan Todorov.
99. *Significado nas Artes Visuais*, Erwin Panofsky.
100. *Vila Rica*, Sylvio de Vasconcellos.
101. *Tributação Indireta nas Economias em Desenvolvimento*, J. F. Due.
102. *Metáfora e Montagem*, Modesto Carone.
103. *Repertório*, Michel Butor.
104. *Valise de Cronópio*, Julio Cortázar.
105. *A Metáfora Crítica*, João Alexandre Barbosa.
106. *Mundo, Homem, Arte em Crise*, Mário Pedrosa.
107. *Ensaios Críticos e Filosóficos*, Ramón Xirau.
108. *Do Brasil à América*, Frédéric Mauro.
109. *O Jazz, do Rag ao Rock*, Joachim E. Berendt.
110. *Etc..., Etc... (Um Livro 100% Brasileiro)*, Blaise Cendrars.
111. *Território da Arquitetura*, Vittorio Gregotti.
112. *A Crise Mundial da Educação*, Philip H. Coombs.
113. *Teoria e Projeto na Primeira Era da Máquina*, Reyner Banham.
114. *O Substantivo e o Adjetivo*, Jorge Wilheim.
115. *A Estrutura das Revoluções Científicas*, Thomas S. Kuhn.
116. *A Bela Época do Cinema Brasileiro*, Vicente de Paula Araújo.

117. *Crise Regional e Planejamento*, Amélia Cohn.
118. *O Sistema Político Brasileiro*, Celso Lafer.
119. *Êxtase Religioso*, I. Lewis.
120. *Pureza e Perigo*, Mary Douglas.
121. *História, Corpo do Tempo*, José Honório Rodrigues.
122. *Escrito sobre um Corpo*, Severo Sarduy.
123. *Linguagem e Cinema*, Christian Metz.
124. *O Discurso Engenhoso*, Antonio José Saraiva.
125. *Psicanalisar*, Serge Leclaire.
126. *Magistrados e Feiticeiros na França do Século XVII*, R. Mandrou.
127. *O Teatro e sua Realidade*, Bernard Dort.
128. *A Cabala e seu Simbolismo*, Gershom G. Scholem.
129. *Sintaxe e Semântica na Gramática Transformacional*, A. Bonomi e G. Usberti.
130. *Conjunções e Disjunções*, Octavio Paz.
131. *Escritos sobre a História*, Fernand Braudel.
132. *Escritos*, Jacques Lacan.
133. *De Anita ao Museu*, Paulo Mendes de Almeida.
134. *A Operação do Texto*, Haroldo de Campos.
135. *Arquitetura, Industrialização e Desenvolvimento*, Paulo J. V. Bruna.
136. *Poesia-Experiência*, Mário Faustino.
137. *Os Novos Realistas*, Pierre Restany.
138. *Semiologia do Teatro*, J. Guinsburg e J. Teixeira Coelho Netto.
139. *Arte-Educação no Brasil*, Ana Mae T. B. Barbosa.
140. *Borges: Uma Poética da Leitura*, Emir Rodríguez Monegal.
141. *O Fim de uma Tradição*, Robert W. Shirley.
142. *Sétima Arte: Um Culto Moderno*, Ismail Xavier.
143. *A Estética do Objetivo*, Aldo Tagliaferri.
144. *A Construção do Sentido na Arquitetura*, J. Teixeira Coelho Netto.
145. *A Gramática do Decameron*, Tzvetan Todorov.
146. *Escravidão, Reforma e Imperialismo*, R. Graham.
147. *História do Surrealismo*, M. Nadeau.
148. *Poder e Legitimidade*, José Eduardo Faria.
149. *Práxis do Cinema*, Noel Burch.
150. *As Estruturas e o Tempo*, Cesare Segre.
151. *A Poética do Silêncio*, Modesto Carone.
152. *Planejamento e Bem-Estar Social*, Henrique Rattner.
153. *Teatro Moderno*, Anatol Rosenfeld.
154. *Desenvolvimento e Construção Nacional*, S. H. Eisenstadt.
155. *Uma Literatura nos Trópicos*, Silviano Santiago.
156. *Cobra de Vidro*, Sérgio Buarque de Holanda.
157. *Testando o Leviathan*, Antonia Fernanda Pacca de Almeida Wright.
158. *Do Diálogo e do Dialógico*, Martin Buber.
159. *Ensaios Lingüísticos*, Louis Hjelmslev.
160. *O Realismo Maravilhoso*, Irlemar Chiampi.
161. *Tentativas de Mitologia*, Sérgio Buarque de Holanda.
162. *Semiótica Russa*, Boris Schnaiderman.
163. *Salões, Circos e Cinema de São Paulo*, Vicente de Paula Araújo.
164. *Sociologia Empírica do Lazer*, Joffre Dumazedier.
165. *Física e Filosofia*, Mario Bunge.
166. *O Teatro Ontem e Hoje*, Célia Berrettini.

167. *O Futurismo Italiano*, Org. Aurora Fornoni Bernardini.
168. *Semiótica, Informação e Comunicação*, J. Teixeira Coelho Netto.
169. *Lacan: Operadores da Leitura*, Americo Vallejo e Lígia Cadmartore Magalhães.
170. *Dos Murais de Portinari aos Espaços de Brasília*, Mário Pedrosa.
171. *O Lírico e o Trágico em Leopardi*, Helena Parente Cunha.
172. *A Criança e a FEBEM*, Marlene Guirado.
173. *Arquitetura Italiana em São Paulo*, Anita Salmoni e E. Debenedetti.
174. *Feitura das Artes*, José Neistein.
175. *Oficina: Do Teatro ao Te-Ato*, Armando Sérgio da Silva.
176. *Conversas com Igor Stravinski*, Robert Craft e Igor Stravinski.
177. *Arte como Medida*, Sheila Leirner.
178. *Nzinga*, Roy Glasgow.
179. *O Mito e o Herói no Moderno Teatro Brasileiro*, Anatol Rosenfeld.
180. *A Industrialização do Algodão na Cidade de São Paulo*, Maria Regina de M. Ciparrone Mello.
181. *Poesia com Coisas*, Marta Peixoto.
182. *Hierarquia e Riqueza na Sociedade Burguesa*, Adeline Daumard.
183. *Natureza e Sentido da Improvisação Teatral*, Sandra Chacra.
184. *O Pensamento Psicológico*, Anatol Rosenfeld.
185. *Mouros, Franceses e Judeus*, Luís da Câmara Cascudo.
186. *Tecnologia, Planejamento e Desenvolvimento Autônomo*, Francisco Sagasti.
187. *Mário Zanini e seu Tempo*, Alice Brill.
188. *O Brasil e a Crise Mundial*, Celso Lafer.
189. *Jogos Teatrais*, Ingrid Dormien Koudela.
190. *A Cidade e o Arquiteto*, Leonardo Benevolo.
191. *Visão Filosófica do Mundo*, Max Scheler.
192. *Stanislavski e o Teatro de Arte de Moscou*, J. Guinsburg.
193. *O Teatro Épico*, Anatol Rosenfeld.
194. *O Socialismo Religioso dos Essênios: A Comunidade de Qumran*, W. J. Tyloch.
195. *Poesia e Música*, Org. de Carlos Daghlian.
196. *A Narrativa de Hugo de Carvalho Ramos*, Albertina Vicentini.

impresso na
Press Grafic Editora e Gráfica Ltda.
Rua Barra do Tibagi, 444 - B. Retiro
Cep 01128 - Tel. 221-8317